AF549884

HOPFGARTNER • DAS HEILIGE IM WERK PETER HANDKES

Reihe Ultramarin 14

WILLIBALD HOPFGARTNER

Das Heilige im Werk Peter Handkes

Eine Annäherung

Wieser *Verlag*

Wieser Verlag
Založba Wieser

•

Klagenfurt/Celovec · Wien · Ljubljana · Berlin

A-9020 Klagenfurt/Celovec, 8.-Mai-Straße 11
Tel. +43(0)463 37036, Fax +43(0)463 37036-90
office@wieser-verlag.com
www.wieser-verlag.com

ISBN 978-3-99029-644-8

Inhalt

Hinführung *7*

1. Die katholische Messe als Ursprungsort der Erfahrung des Heiligen *10*
2. Eucharistische Poetik in der *Lehre der Sainte-Victoire* *18*
3. Sakrale und sakramentale Weltsicht I: Räume und Bilder *23*
4. Sakrale und sakramentale Weltsicht II: Lebensformen *31*
5. Das Heilige auf dem Antlitz des Menschen *38*
6. Weltzeit im Fehl des Heiligen – *Der Große Fall* *45*
7. Die Christus-Gestalt *57*
8. Das Heilige im »Freudenstoff der Welt« *65*
9. Das Heilige als das Einfach-Gültige *70*

Bibliographie *79*

Hinführung

»Heilige Welt!« Dieser Ausruf wird viele von Handkes Lesern aufs erste überraschen. Er stammt aus den Tagebuch-Aufzeichnungen unter dem Titel *Vor der Baumschattenwand nachts.*[1] Er wirkt wie das trotzige Beiseite-Schieben von Hindernissen, die die Sicht auf jene ganz andere, eben »heilige« Welt verstellen. Liest man den zweigliedrigen Ausruf abgesetzt, und mit Betonung auf jedem Wort, wirkt er wie der doppelte Akkordschlag am Anfang von Beethovens Eroica. Wie dieser das Zeitkontinuum durchbricht und eine neue, jetzt musikalische Zeitstrecke eröffnet, so ist der Ausruf ein Signal, die Augen zu öffnen für eine andere Weltwahrnehmung, verschieden von der gängigen technisch-rationalen und vor allem ökonomischen. Handke lässt ihm unmittelbar das Geständnis folgen, dass er auch sich selbst, und immer wieder neu, auf diese andere Wahrnehmung besinnen muss: »›Heilige Welt!‹ – so sehe, (er)lebe ich die Erde, wenn ich bei Sinnen, bei Vernunft (ja) und Verstand bin. Aber leider bin ich allzu selten bei Sinnen.« Der Ausruf bekennt eine Welt, die einen anderen Grund, besser noch: Hintergrund hat als jener, der den geläufigen Rationalitätsmustern zugänglich ist und von denen man sich erst absetzen muss. Handkes Geständnis entspricht dem Wort des großen Religionswissenschaftlers Mircea Eliade: »Das Heilige manifestiert sich immer als

[1] *Vor der Baumschattenwand nachts,* 202. Das Wort findet sich zum ersten Mal im *Versuch über den geglückten Tag*, 1991, 43.

eine Realität, die von ganz anderer Art ist als die ›natürlichen‹ Realitäten.«[2] Oder, in den Worten von Romano Guardini: »Es erinnert an etwas, das anders ist als die Welt. Es rührt an, beglückt, erschüttert, und mit einem Mal erscheinen Dinge, die soeben noch wichtig waren, fahl und dürftig. Auch das ist das Heilig-Andere.«[3] Gerade deshalb ist das Heilige eine Herausforderung für die Sprache: Sie soll, »was über die normale menschliche Erfahrung hinausgeht, in Worte kleiden, die dieser normalen Erfahrung entstammen.«[4] Gerade das zu vermögen, kann als eine besondere Sprachleistung Handkes angesehen werden.

Nach den ersten großen Erfolgen wird seine Aufmerksamkeit angezogen von der Dimension des Heiligen, was ihn in Kontrast zu den gängigen Erwartungshaltungen bringt. Solcher Kontrast bildet bei ihm einen Teil seines literarischen Programms: »Ich erwarte von der Literatur ein Zerbrechen aller endgültig scheinenden Weltbilder. Und weil ich erkannt habe, dass ich selber mich durch Literatur ändern konnte, dass ich durch die Literatur erst bewusster leben konnte, bin ich überzeugt, durch meine Literatur andere ändern zu können.«[5] Bei

---

[2] Eliade, *Das Heilige und das Profane*, 13. Handke kennt den großen Religionswissenschaftler aus eigener Lektüre: *Mein Ortstafeln*, 20

[3] Guardini, *Religion und Offenbarung*, 23f.

[4] Eliade, [Anm. 2], 14. Verschärft wird die Problematik dadurch, »dass die *in ihrer Totalität* profane Welt, der gänzlich entsakralisierte Kosmos, eine neue Entdeckung in der Geschichte des menschlichen Geistes ist.« (Ebd., 16. Hervorhebung dort)

[5] Handke, *Meine Ortstafeln*, 37. (Ursprünglich in: *Ein autobiographischer Essay. 1967*. In: *Ich bin ein Bewohner des Elfenbeinturms*. Frankfurt 1972)

aller dezidiert pädagogischen Absicht ist er sich aber bewusst, dass er die Menschen nie würde »erlösen können aus ihrem fürchterlichen Bescheidwissen, aus ihrer unwürdigen Illusionslosigkeit.«[6] Diese zeigt sich insbesondere gegenüber dem Phänomen des Religiösen, für das der moderne Mensch immer weniger empfänglich geworden zu sein scheint.

Dem Thema des Heiligen begegnen wir bei Handke in neun Feldern. Das erste möchte ich überschreiben mit: Die katholische Messe als Ursprungsort der Erfahrung des Heiligen, dem ein Hinweis auf seine eucharistische Poetik folgen soll. Zwei weitere Folgen sollen seiner sakramentalen Weltsicht gelten, mit ihren Räumen und Bildern sowie ihren Lebensformen. Der fünfte Abschnitt sei überschrieben mit: Das Heilige auf dem Antlitz des Menschen und das Universum des Schmerzes. Der sechste führt uns zu Handkes Sicht auf eine Welt, die das Heilige verloren hat. Der siebte gilt der Christus-Gestalt. Der achte ist dem Wunder der Schöpfung gewidmet, oder wie Handke sagt: dem »Freudenstoff der Welt«. Der letzte schließlich blickt auf das Heilige in seiner unscheinbaren Form, in Arbeit, Müdigkeit und Höflichkeit.

Die Übersicht zeigt bereits die breit gefächerte Thematik. Wir begegnen ihr im dichterischen Werk und in seinen Tagebuchnotizen – »Reportagen des Bewusstseins« nennt er sie einmal –, wo Handke ebenso spontan und ungeschützt darüber spricht wie in den Gesprächen.

[6] Handke, *Gewicht*, 60

Aufs Ganze gesehen und vorausgreifend möchte ich die These wagen: das Thema des Heiligen kann als strukturbildendes Element im Werk des Nobelpreisträgers angesehen werden.

1. Die katholische Messe als Ursprungsort der Erfahrung des Heiligen

Das Heilige tritt als Thema hervor in den Jahren der existenziellen Krise des Autors, in der Zeit von 1976–1979. Nach seinem, die Öffentlichkeit jedes Mal neu in Staunen versetzenden Eintritt in die literarische Welt: *Publikumsbeschimpfung* (1966), Auftritt beim Autorentreffen der Gruppe 47 in Princeton (1967), *Kaspar* (1968), *Die Angst des Tormanns beim Elfmeter* (1972), nach dem biographischen Ausnahme-Text *Wunschloses Unglück* (1974) stellt sich ihm die Frage, ob er weiterhin die literarische Öffentlichkeit bedienen oder seinem Streben folgen soll, die Fragen der eigenen Existenz zum Zentrum seines Schreibens zu machen. »Ich habe keinen Stoff als das Existieren«, wird er einmal sagen.[7] In diesem Zusammenhang, ab dem Jahre 1972, kündigt sich, insbesondere in den Prosagedichten der Jahre 1972–1974, eine neue Offenheit für die religiöse Erfahrung an, wobei die Erlebniswelt der Kindheit eine große Rolle spielt. In *Das Gewicht der Welt: Ein Journal (November 1975 – März 1977)* tritt diese neue Ausrichtung seines Denkens hervor.[8] Literarischen Niederschlag findet sie

[7] Handke / Hamm: *Illusionen*, 87

[8] Vgl. dazu Baloch, *Ob Gott*, 175–186

dann in der Erzählung *Langsame Heimkehr* (1979). Der erste Satz schlägt das Thema an:

> »Sorger hatte schon einige ihm nah gekommene Menschen überlebt und empfand keine Sehnsucht nach mehr, doch oft eine selbstlose Daseinslust und zuzeiten ein animalisch gewordenes, auf die Augenlider drückendes Bedürfnis nach Heil.«[9]

Valentin Sorger, ein in Alaska forschender Geologe, hat die Absicht, wieder in seine mitteleuropäische Heimat[10] heimzukehren, und es beschäftigen ihn Gedanken an die weitere Lebensorientierung. Zwei innere Bewegungen bestimmen ihn dabei: »eine selbstlose Daseinslust« und »ein animalisch gewordenes, auf die Augenlider drückendes Bedürfnis nach Heil.« »Selbstlose Daseinslust«: eine Freude am Leben, ohne die unruhige Begierde nach Genuss, Erfolg und Geltung; und dann: »ein animalisch gewordenes, auf die Augenlider drückendes Bedürfnis nach Heil«: eine bis ins Körperliche gehende Sehnsucht nach *Heil.* Es ist der Begriff für eine religiös konnotierte Erfahrung der Ganzheit, der Bejahung von Leben und Welt. Im Sinnbezirk von *Heil* steht nun auch *das Heilige* als das, was, gerade weil es außerhalb des gewöhnlichen Begehrens liegt, den Menschen *Heil* er-

---

[9] Handke, *Heimkehr*, 9.

[10] Ebd., 107f. Die Erzählung sollte ursprünglich den Titel tragen: *Ins tiefe Österreich* – eine Lehnübersetzung aus dem Französischen *La France profonde*. In: Handke, *Zwischenräume,* 153. *Mit France profonde* bezeichnet man das ländliche Frankreich, in Differenz zur alles dominierenden Hauptstadtregion.

fahren lässt.[11] Man ahnt, was für eine Herausforderung es für Handke sein musste, eine solche Wirklichkeit zur Sprache zu bringen. Das künstlerische Problem war, wie aus dieser Sehnsucht nach Heil eine Erzählung gewonnen werden konnte. Er selbst sagt darüber:

> »Ich kann eigentlich kein Wort aufschreiben, das nicht sozusagen meinen ganzen Körper durchpulst. Und so ging ich fast zwei Jahre mit dem Satz herum, (...) es hat mich fast an den Rand des Scheiterns gebracht, weil ich nach diesem Satz überhaupt nicht weiter wusste. Ich bin drei Tage gesessen bei *Langsamer Heimkehr* und hab gedacht, es ist aus.«[12].

Die im ersten Satz der Erzählung anklingende Wendung zum Religiösen brauchte einen Anlass, an dem sie sichtbar werden konnte. Das geschieht beim Abschiedsbesuch Sorgers bei einem befreundeten Nachbar-Ehepaar, das ihm wegen seiner glücklichen Paar-Beziehung länger schon aufgefallen war. (»Um dieses Paar war nichts Bedrückendes.«[13]) In dieser Atmosphäre wird ihm bewusst, dass es letzten Endes nicht die Natur ist, die ihm in seiner Sehnsucht Erfüllung bieten kann: »Meine beständigen Erlebnisse habe ich doch immer mit anderen gehabt, nicht allein (die Natur kann nicht das Heil sein,

---

[11] *Heilig* ist eine »Zugehörigkeitsbildung zum Substantiv *Heil*«. In: Kluge, *Etymologisches Wörterbuch der deutschen Sprache*, 25. Aufl., Berlin 2011, 3405

[12] Handke, *Zwischennräume*, 33

[13] Handke, *Heimkehr*, 111

ich dachte das zu lange.)«[14] Auf der ersten Etappe der Rückreise, an der Westküste, kommt es zu einer weiteren, zufälligen Begegnung mit einem Ehepaar und seinen Kindern. Bei Tisch hält Sorger eine Rede an sie:

> »Hören Sie mich an. Ich möchte nicht zugrunde gehen. (…) Ich weiß, dass ich kein Bösewicht bin. Ich will auch kein Außenseiter sein. (…) Ich erlebe es als eine Pflicht, besser zu werden: besser ich selbst zu sein. Ich möchte gut sein. Manchmal habe ich das Bedürfnis nach Sündigkeit und werde andererseits verfolgt von der Idee der Bestrafung; und dann wieder gibt es das Bedürfnis nach Ewiger Reinheit. Ich habe mich heute an eine Erlösung erinnert: dabei ist mir aber kein Gott in den Sinn gekommen, sondern die Kultur. Ich habe keine Kultur; und ich habe so lange keine Kultur, als ich nicht ausruffähig bin; solange ich mich beklage, statt zu klagen. (…) Mein Ausruf ist: Ich brauche dich! (…) Ich brauche die Gewissheit, ich selber zu sein und für andere verantwortlich zu sein.«[15]

Sorger/Handke lässt hier tief in sein Inneres blicken. Es stehen sich hier, in großer Spannung, zwei Erfahrungen gegenüber: »Bedürfnis nach Sündigkeit« und »Bedürfnis nach Ewiger Reinheit«. Befremdlich ist hier sicherlich das »Bedürfnis nach Sündigkeit«, die noch dazu von der »Idee der Bestrafung« begleitet wird. Das, wovor

---

[14] So in den zeitnahen Aufzeichnungen der *Geschichte des Bleistifts*, 186

[15] Handke, *Heimkehr*, 146f.

der Mensch normalerweise flieht, jetzt ein »Bedürfnis«? Man kann es wohl nur verstehen, wenn man das Bedürfnis sieht, die differenzlose moralische Gleichgültigkeit hinter sich zu lassen. ›Gut‹ und ›Böse‹ ist in Wahrheit etwas, das den Menschen im Innersten betrifft. Zu »wissen« und zuzugeben, »das war falsch«, klärt und befreit. Und das Bedürfnis nach »Ewiger Reinheit« ist die andere Seite der »Sündigkeit« und entspricht dem, was in der Theologie als Streben nach »Heiligkeit« bezeichnet wird. Aus seiner Schulzeit im katholischen Internat war Handke sicherlich Léon Bloys Wort bekannt, das die beiden »Bedürfnisse« zu einer Erfahrung verbindet: »Es gibt nur eine Traurigkeit im Leben: kein Heiliger zu sein.«

Auf der menschlichen Ebene belastet Sorger der Mangel an »Kultur«. Kultur, jetzt nicht als Teilnahme am »kulturellen Leben«, sondern als die Form des Miteinanders der Menschen. Sorger hat noch nicht zu einer Einstellung gefunden, die im Mitmenschen einen bereichernden Teil des eigenen Lebens sieht und für ihn auch Verantwortung zu übernehmen bereit ist. Er hat noch nicht gesehen, Kultur hat ihre Grundlage im bejahenden Miteinander der Menschen. Das ist jetzt die neue Sicht auf das Leben, die sich ihm auftut. Und der Ort dieser Einsicht ist bemerkenswert: sie geschieht in einer Familie, wo die gegenseitige Bejahung zum Wesenselement des Miteinanders gehört.

Die »Bekehrung« zu den Menschen fungiert gewissermaßen als Vorspiel für die Heimkehr in die, oder besser: zur Wiederentdeckung der religiösen Welt der Kindheit. Denn vor dem Abflug aus New York spaziert Sorger durch die Stadt, und spontan betritt er eine Kirche, in der gerade der Sonntagsgottesdienst gefeiert wird.

> »Sorger ging noch in eine Kirche und nahm, von einem schwarzgekleideten Mann mit weißer Nelke im Knopfloch (›Wo wünschen Sie zu beten?‹) eigens zur Bank hinbegleitet, an der Sonntagsmesse teil. (…) Ein Schwanken ging durch die Welt, als das Brot in den göttlichen Leib und ›simili modo‹, der Wein in göttliches Blut verwandelt wurde.
> ›In ähnlicher Weise‹ ging das Volk zur Kommunion. In ähnlicher Weise stolperte ›ich, Sorger‹ wieder als Ministrant über den Teppichrand. Entschlossen kniete der Erwachsene nieder. In ähnlicher Weise wurde er von Unbekannten gegrüßt; ging auf der vormittagshellen Straße an einer fröhlichen Begräbnisgesellschaft vorbei, besichtigte an der benachbarten Avenue eine ziemlich militärisch kostümierte Parade einer südslawischen Volksgruppe, zu der sich seine Vorfahren noch dazugerechnet hatten (…).«[16]

Sorger erlebt die Wandlung als ein heiliges Geschehen, das vom Altar aus an die Grundfesten der Erde rührt. Es ist die Erfahrung von etwas Heiligem in der Form des *tremendum*, das ihn sofort niederknien lässt.[17] Mit

---

[16] Handke, *Heimkehr*, 205–206.

[17] Im dramatischen Gedicht *Über die Dörfer* sagt die Gestalt der *Nova*: »Gottlos allein, schwanken wir. Vielleicht gibt es keinen vernünftigen Glauben, aber es gibt den vernünftigen Glauben an den göttlichen Schauder.« (103) Handke kennt natürlich auch den Klassiker von Rudolf Otto, *Das Heilige* (1917), wo das *Tremendum* und das *Fascinosum* als Grundmerkmale des Heiligen herausgearbeitet werden.

beglückender Wucht ist in ihm das heilige Geschehen wieder da, wie er es als Ministrant erlebt hat.[18] Doch es geschieht noch mehr: »Simili modo«, in ähnlicher Weise wie in der Wandlung Brot und Wein verwandelt werden, erlebt er sich selbst verwandelt zur Teilnahmefähigkeit und die Menschen in der Kirche als ihm zugehörig. Als Verwandelter tritt er aus der Kirche, wo er jetzt als freundlicher Passant am Leben der Straße teilnimmt. Es ist, wie wenn das letzte Wort des Priesters in der lateinischen Messe: *Ite, missa est,* sinngemäß: »Geht, ihr seid gesendet«, nun sein Herz erfüllte. Aus der Ich-Sorge wurde eine neue Aufmerksamkeit für die Menschen. Ein neues Band zwischen Ich und Welt ist entstanden.

Ein kurzer Blick auf die Vorgeschichte dieser Erfahrung des Heiligen war notwendig, um die psychologische Stimmigkeit dieser »Konversion« zu sehen. Sorger erfährt das unglückliche Dasein von jemand, der in sich gefangen ist. Die Erfahrung des Heiligen, getragen vom Licht aus der Kindheit, schenkt ihm nun eine freudige Öffnung auf die Menschenwelt. Das Heilige ist, so zeigt es sich hier, das Heilmachende. In bewegenden Worten bekennt Handke, wie die Feier der Messe sein Leben nun erfüllt:

> »Wenn ich an der heiligen Messe teilnehme, ist das für mich ein Reinigungsmoment sondergleichen. Wenn ich die Worte der Heiligen Schrift höre, die Le-

[18] Es sei daran erinnert, dass in der tridentinischen Messfeier, die Handkes Kindheit geprägt hat, der Focus der Liturgie ganz auf die Wandlung gelegt wurde und die Gläubigen darin die Einbruchsstelle des Göttlichen gesehen haben.

sung, die Apostelbriefe, die Evangelien, die Wandlung miterlebe, die Kommunion und den Segen am Schluss »Gehet hin in Frieden!«, dann denke ich, dass ich an den Gottesdienst glaube. Ich weiß nicht, ob ich an Gott glaube, aber an den Gottesdienst glaube ich. Die Eucharistie ist für mich spannender, die Tränen, die Freude, die man dabei empfindet, sind wahrhaftiger als die offizielle Religion.«[19]

Die Feier der Messe ist nicht auf den Moment einer mystischen Erfahrung eingeschränkt, sondern weitet die Existenz auf die umgebende Welt hin aus. Das *Heilige* wurde zur Kraft der *Heiligung*: »Die Heiligung ist – ein Gefühl, wie die ›Erfrischung‹, nur umfassender, und viel seltener; und sie ist außen-innen, nicht nur außen.«[20] Alles erscheint Sorger in einem neuen Licht. Das Negative, Unrecht, Gewalt, Tod – so nimmt er sich vor – soll fortan seinen Blick nicht mehr bestimmen. »Wirklich war, was friedlich war.«[21]

In seinem Gespräch mit Herbert Gamper blickt Handke zurück auf sein Ringen mit dieser Erzählung: »Ich habe nicht gewusst, wie schwer das ist, dass es da notgedrungen – dass es da notgedrungen auf das Metaphysische, auf das Zum-Himmel-Flehen, was ja ein bisschen durchscheint durch die Erzählung, hinausläuft.«[22]

---

[19] Greiner, Gespräch mit Peter Handke, *DIE ZEIT*, 1. 12. 2010
[20] Handke, *Phantasien*, 36
[21] Handke, *Heimkehr*, 198
[22] Handke, *Zwischenräume*, 40. In seinen Notizen *Innere Dialoge an den Rändern (2016–2021)* kommt er noch einmal auf die New Yorker Erfahrung zurück: »Bis zu meinem sechsunddreißigsten Jahr habe ich dem Spruch des ›Steinklopfer Hans‹ bei Anzengruber nach-

2. Eucharistische Poetik in der *Lehre der Sainte-Victoire*

Auch das zweite Werk seiner Tetralogie, *Die Lehre der Sainte-Victoire*[23], wird noch einmal ein Element aus dem Kontext der katholischen Eucharistiefrömmigkeit in den Mittelpunkt stellen. Die in der Wandlung verwandelte Spezies des Brotes wird nach der Messfeier im Tabernakel aufbewahrt, nun als wirksames Zeichen der dauerhaften göttlichen Gegenwart im Kirchenraum. Diese Gegenwart wird Handke zum Gleichnis für das, was durch die Kunst geschieht. Der Theologe Jan-Heiner Tück bezeichnet das als Handkes *eucharistische Poetik.*[24] Den Anstoß dazu hatte Handke bei der Beschäftigung mit der Malkunst von Paul Cézanne erhalten. Dieser hatte sein Malen als »Verwirklichung« *(réalisation)* ihres Gegenstandes bezeichnet. Was eine solche »Verwirklichung« im Wesen ist, deutet Handke in Analogie zum Geschehen mit dem Tabernakel.

> »Zwei Dorfalte hörte ich einmal sagen: ›Wenn sie nichts glauben – zu was sind sie denn überhaupt da?‹ Ohne gemeint zu sein, fühlte ich mich doch betroffen. Beschäftigte mich nicht schon länger der Gedanke,

---

gelebt: ›Mir kann nichts geschehen!‹, überzeugt, auch mir könnte nie und nimmer etwas geschehen / zustoßen. Und dann, im Oktober 1978 in New York City, ist es mir doch geschehen. Und recht so. Endlich! Und bis heute lebe ich davon (›Langsame Heimkehr‹) (28. Januar 2018)«, 173

[23] Zur Tetralogie gehören die *Langsame Heimkehr, Die Lehre der Sainte-Victoire, Kindergeschichte, Über die Dörfer*

[24] Tück, Jan-Heiner: *Wandlung*, 31.

›nur mit einem Glauben könnten die Dinge auf die Dauer wirklich bleiben‹? Was war dieses Geheimnis des Glaubens, das die Dorfrichter zu kennen schienen? Ich hätte mich nie als gläubig bezeichnen können, das Kind von einst noch weniger als mich jetzt: aber hatte es nicht schon ganz früh ein Bild der Bilder für mich gegeben?
Ich will es beschreiben, denn es gehört hierher. Der Raum war die Pfarrkirche, das Ding war der Kelch mit den weißen Oblaten, die geweihte Hostien heißen, und sein Behältnis war der in den Altar eingelassene, wie eine Drehtür zu öffnende und zu schließende vergoldete Tabernakel. – Dieses sogenannte ›Allerheiligste‹ war mir seinerzeit das Allerwirklichste.
Das Wirkliche hatte auch seinen wiederkehrenden Augenblick: so oft nämlich die durch die Worte der Wandlung sozusagen Gottes Leib gewordenen Brotpartikel mitsamt ihrem Kelch im Tabernakel geborgen wurden. Der Tabernakel drehte sich auf; das Ding, der Kelch, wurde, schon unter Tüchern, in die Farbenpracht seiner Stoffhöhle gestellt; der Tabernakel drehte sich wieder zu – und jetzt der strahlende Goldglanz der verschlossenen konkaven Wölbung.
Und so sehe ich jetzt auch Cézannes ›Verwirklichungen‹ (nur dass ich mich davor aufrichte, statt niederzuknieen): Verwandlung und Bergung der Dinge in Gefahr – nicht in einer religiösen Zeremonie, sondern in der Glaubensform, die des Malers Geheimnis war.«[25]

[25] Handke, *Sainte Victoire*, 83–84. Es ist wert, darauf hinzuweisen, dass Dorothee Sölle ihrer Untersuchung zum Verhältnis von Literatur und Theologie diesen Begriff als Titel gegeben hat: *Rea-*

Die Kunst Cézannes ist für Handke so eindrücklich, dass er sich den Maler zum Lehrer künstlerischen Weltbezugs erwählt.[26] Vor dessen zahlreichen Bildern mit dem Motiv der Montagne Sainte-Victoire stellt er sich die Frage: Was geschieht in einer solchen Abbildung? Was geschieht in der von Cézanne so bezeichneten *réalisation* ihres Gegenstandes? Handke beantwortet die Frage so: »Das Wirkliche war dann die erreichte Form; die nicht das Vergehen in den Wechselfällen der Geschichte beklagt, sondern ein Sein im Frieden weitergibt.«[27] *Das Sein im Frieden weitergeben*, das wird fortan das schriftstellerische Credo Handkes sein. Zur näheren Bestimmung wird er dazu später den Begriff des »Erscheinenlassens« verwenden, den er vom Schweizer Philosophen Heinrich Barth (1890–1965), dem Bruder des Theologen Karl Barth, entlehnt. »Der Stoff verschwindet in diese – warum soll man nicht sagen: Sphäre des Erscheinen-lassens, der Erscheinungen.«[28] In diesem Erscheinenlassen geschieht genau das: »Verwandlung und Bergung der Dinge in Gefahr«, hier kann sich die Welt zeigen, wie sie ist, unberührt von menschlichen Verzweckungen. »Mit dem von Cézanne geleiteten Blick wird für Handke die Natur zum Heils-Ereignis und das

---

lisation. Studien zum Verhältnis von Theologie und Dichtung nach der Aufklärung (= Reihe Theologie und Politik, hrsg. von Hans E. Bahr), 1973

[26] Dem ausgewiesenen Kenner und Bewunderer der antiken Literatur war natürlich klar, dass er sich damit auf den Weg begab, den Horaz gewiesen hat, wenn er sagte: *Ut pictura poesis* – Wie die Malerei so ist auch die Dichtung (Horaz, *Epistola ad Pisones – Ars Poetica*)

[27] Handke, *Sainte Victoire*, 21

[28] Handke – Hamm: *Es leben die Illusionen*, 66

Kunstwerk ein bleibendes Heils-Ding analog zum biblischen Heilsgeschehen.«[29] Bei seinem »Lehrer« Cézanne hatte Handke das Wesen seiner eigenen Kunst neu sehen gelernt. So kann er, befreit und erlöst ausrufen: »Erzählung, nichts Weltlicheres als Du, nichts Gerechteres, mein Allerheiligstes.«[30]

Das Erzählen ist für Handke also, gleich dem Altarssakrament, einerseits etwas ganz »Weltliches«, aber zugleich, als das »Allerheiligste«, letzter Zielpunkt seines Künstlertums. Denn in ihm geschieht, analog zum Wandlungsbericht der Messfeier, ein »Verwandeln allein durch Erzählen«[31]. Darum ist das Erzählen stets mehr als das Ersinnen einer »spannenden« Geschichte. »In jeder Geschichte, auch wenn sie ganz real ist (...), muss

---

[29] Baloch, *Ob Gott*, 294

[30] Handke, *Wiederholung*, 333. Man kann sogar den Nachklang des alten Ablassgebetes heraushören (»Seele Christi *heilige mich*«), wenn Handke, in der Art der dort vorkommenden litaneiförmigen Verbfolge fortfährt: »Auge der Erzählung *spiegele* mich, denn du allein *erkennst mich* und *würdigst mich*. Blau des Himmel *komm* in meine Niederung herab durch die Erzählung. Erzählung, Musik der Teilnahme, *begnade*, begnade und *weihe* uns. Erzählung *würfle* die Lettern frisch, *durchwehe* die Wortfolgen, *füg dich* zur Schrift und *gib*, in deinem besonderen, unser gemeinsames Muster. Erzählung, *wiederhole*, das heißt *erneuere* (...).« (Hervorhebung von mir, W.H.)

[31] Das bekannte Wort Handkes aus *Mein Jahr in der Niemandsbucht*, ist der Titel eines Sammelbandes von Beiträgen zu Handkes Verhältnis zur katholischen Liturgie: Tück: Jan-Heiner / Andreas Bieringer (HG.) *›Verwandlung allein durch Erzählen‹. Peter Handke im Spannungsfeld von Theologie und Literaturwissenschaft*. Freiburg 2012, – Von seinem Freund, dem Kärntner Slowenen und Autor Florjan Lipuš wird Handke sagen: »Sein Erzählen ist nie Nacherzählen, es ist Erzählen als Verwandeln.« (In: *Tage und Werke*. 64)

es eine Offenbarung geben. Man muss etwas anderes sehen als das Kanonisierte. Der Blick des Lesers muss etwas entdecken können, was er vielleicht geahnt hat, was ihm aber nicht deutlich war.«[32] Noch deutlicher wird Handke in den folgenden zwei Aussagen: »Die Phantasie ist *kein Schaffen*. Die Phantasie ist ein *Erwärmen dessen, was schon da ist*. Es gibt kein ›Schaffen‹.[33] »Ein Schriftsteller erlebt, was alle erleben, er erlebt nur *das Gleichnishafte* daran.«[34] Das Gleichnishafte: Der Begriff lässt ahnen, worauf es beim »Verwandeln durch Erzählen« ankommt, nämlich auf die Annäherung an, besser: auf die Ahnung einer transzendenten Welt; einmal fällt sogar der Begriff des Heiligen: »Das ›Heilige‹… ist nicht zu erforschen, nur zu umschreiben, zu erzählen, *umschreibend zu erzählen* (lerne das Umschreiben).«[35] Die Liturgie in ihrer Zeichenhaftigkeit ist der fruchtbare Boden, aus dem sich immer neu solches Erzählen speisen kann. »Ein Dichter braucht die Liturgie. ›Er war ein Dichter und brauchte Liturgie‹«[36]. Und auch wenn die Gegenwart den Sinn für die Zeichen immer mehr verliert[37], der Autor weiß sich in seinem Anliegen darin mit seiner Lesergemeinde verbunden: »Aber wir – *ja wir* – werden darauf bestehen: auf dem Poetischen, als der Schneise zum Göttlichen.«[38]

---

[32] Greiner, *Gespräch mit Peter Handke*. In: *DIE ZEIT*, 1. 12. 2010
[33] Handke, *Geschichte des Bleistifts*, 278 (Hervorhebung von mir, W, H.)
[34] Handke, *Phantasien*, 55 (Hervorhebung von mir, W.H.)
[35] Ebd., 14 (Hervorhebung von mir, W.H.)
[36] Handke, *Baumschattenwand*, 102
[37] Es wird das Thema des großen Romans *Der Bilderverlust* (2002) sein.
[38] Handke, *Gestern unterwegs*, 157 (Hervorhebung von mir, W.H.)

3. Sakrale und sakramentale Weltsicht I: Räume und Bilder

Die Bezeichnung »sakrale und sakramentale Weltsicht« stammt von Harry Baloch[39], dessen Buch zur Religiosität im Werk des frühen Handke wir die maßgebliche Erschließung des Themas verdanken. Diese Weltsicht spielt ab der Erzählung *Langsame Heimkehr* (1979) eine zunehmende Rolle. Nicht umsonst wird sie in der Literatur als Handkes »Wende« bezeichnet.[40]

In den diese Erzählung begleitenden Notizen des Bandes *Die Zeit und die Räume* aus dem Jahr 1978 ist es »auffällig, wie oft Kirchenräume und Gottesdienste beschrieben werden, der Wortstamm ›Kirche‹ kommt im vorliegenden Notizbuch 61 Mal vor.«[41]
Handkes Tagebücher sind auch sonst durchsetzt von Notizen beim schauenden Entdecken von Kirchen und sakraler Kunst. Sein Blick wird geleitet von der Suche nach ihren innerbiblischen oder lebensgeschichtlichen Bedeutungszusammenhängen. Dies alles ist grundgelegt in der eigenen kindheitlichen Erinnerung an das

---

[39] Baloch, *Ob Gott*, 18.

[40] Nachwort zu Handke, *Die Zeit*, 287–307, 295f.

[41] Ebd., 293. Die Aufmerksamkeit für den Kirchenraum findet sich allerdings schon früher, in der *Angst des Tormanns beim Elfmeter* von 1972. Als es zu regnen anfängt, betritt Josef Bloch eine Kirche: »In der Kirche drinnen, das fiel ihm auf, war es heller als er gedacht hatte.« (77) Und lange Zeit beschäftigt er sich dann mit den unterschiedlichen Blautönen auf dem Deckengemälde. Die helle Kirche mit ihrer Bemalung bildet eine auffällige Unterbrechung der ansonsten düsteren Welt des Protagonisten.

Erleben des Kirchenraumes mit seinen Feiern.[42] Kirchen sind Räume, die zur Welt des Heiligen gehören. Es sind Räume, die eine eigene Weihe erfahren haben, ausgesondert dafür, der gläubigen Gemeinschaft einen Ort zu geben, wo sie ihr Sein vor Gott zum Ausdruck bringt. Sie sind, durch ihr bloßes Dasein bereits, eine Botschaft: Mensch und Welt verdanken ihr Sein dem Schöpfer. So kann Handke einmal notieren, wie sich in der Wahrnehmung Kirchenraum und Landschaft so eng verbinden, dass sie »wie 1 (sic!) Raum wirken«.[43] Oder dass er bei ihrem Anblick »Dankbarkeit auch für Kirchtürme«[44] empfindet. Ähnliches bewirken die in Kärnten zahlreichen Bildstöcke, die wie »Feldheiligtümer«[45] der Landschaft eine religiöse Signatur verleihen. Und es wird ein Mangel erfahrbar, wenn solche Zeichen nicht zu sehen sind: »Beim Blick aus dem Fenster vom Fenster in einer fremden Stadt das Bedürfnis nach einem Heiligtum. – Und wenn da nirgends eins ist?«[46]

Ausführliche Beschreibungen widmet Handke einzelnen Kirchen seiner Heimat, etwa der Stadtpfarrkirche St. Egyd in Klagenfurt und der Wallfahrtskirche Maria

---

[42] Von dieser kindheitlichen Freude an Bildern ist die Rede in der *Geschichte des Priesters* in der *Niemandsbucht*: »Er glaubte vorbehaltlos und heiter an diese Bilder, keine größere Heiterkeit konnte es geben, und lebte, auch den Außenstehenden fassbar, in einer fortwährenden Freude. Durch nichts konnte das Kind von Siebenbrunn den Glauben verlieren; der war ihm angeboren… An ihm jedenfalls blieb der Bildverlust unmöglich.« (622–623)

[43] Handke, *Die Zeit*, 192

[44] Ebd., 180

[45] Handke, *Wiederholung*, 50; vgl. *Die Zeit*, 306

[46] Handke, *Innere Dialoge*, 284f.

Elend im Rosental, dort inklusive Transkription der lateinischen Inschriften.[47] Sogar, wenn er aus Zeitmangel nur einen Blick hineinwerfen konnte, bemerkt er, der Raum »fängt im nachhinein an sich zu behaupten, auch *einen selber* zu behaupten.«[48] In diesem Sinn: »Bin ich nicht vom romanischen Kirchenschiff meines Heimatdorfes beeinflusst? (*Das* wäre Psychoanalyse)«.[49] Im Spiel der Assoziationen fügen sich ähnliche Erinnerungen zusammen: »›Und‹: Die romanischen Kirchenschiffe und die Maiandachten«.[50] Kirchenräume bewegen ihn nicht nur zum Denken, sie sind immer auch schon virtuelle Teilnahme an ihrer wesentlichen Gemeinschaftsbestimmung: »Es gibt zumindest einen (1) Sinn der Kirchenräume: ich möchte dort denken, wo alle denken«.[51] Und entgegen ihrer Reduktion auf »Sehenswürdigkeiten« verweisen sie für Handke auf ihren eigentlichen Ursprung: »Die herrlichsten Kirchenräume bleiben doch die Worte der Evangelien.«[52]

Der Kirchenraum entfaltet seine eigentliche Raumwirkung in der Feier der Sakramente, am stärksten bei der Feier der heiligen Messe. Sie wird jedes Mal neu zu einem »Ereignis«, das im Teilnehmenden eine Verortung im Glauben auslöst:

---

[47] Handke, *Die Zeit*, 132 bzw. 151–153
[48] Ebd., 146. Hervorhebung dort
[49] Handke, *Phantasien*, 51 (Hervorhebung dort)
[50] Handke, *Phantasien*, 51
[51] Handke, *Felsfenster*, 274
[52] Handke, *Felsfenster*, 274

»Die WANDLUNG; die offene Kirchentüre, die Welt draußen, die Verkündung der Verwandlung durch die Glocke, und durch das Klingeln der Ministrantenglocken; KNIEN; *Begreifen* (und doch: wenn ich vom *Glauben* durchdrungen wäre, brauchte ich nicht so gerührt, auch nicht erschüttert zu sein, einfach nur ernst und ›gesammelt‹); Begreifen des Wunders, des Geheimnisses, der Sehnsucht danach, der *Forderung*, der *Behauptung* mit dem Ritual, der Ersetzung, der Tatsächlichkeit des Geheimnisses, des Wunders: Es ist geschehen: Brot und Wein wurden tatsächlich in das Fleisch und Blut Christi verwandelt«[53]

Die hier ausführlich zur Sprache kommende Bedeutung des sinnlichen Erlebens von sakralen Räumen und Handlungen findet eine erstaunliche Bekräftigung bei Goethe – von Handke gepriesen als »mein Held / und Meister des sachlichen Sagens«[54] – und seinem kritischen Blick auf die protestantische Frömmigkeit: »[D]er Protestant hat zu wenig Sakramente… Die Sakramente sind das Höchste der Religion, das sinnliche Symbol einer außerordentlichen göttlichen Gunst und Gnade.«[55]

---

[53] Handke, *Die Zeit*, 187f. Hervorhebungen dort. – Man könnte der Selbstbeobachtung Handkes hinzufügen, was er an anderer Stelle vom »Tiefenblick« auf die Wirklichkeit sagt: ›Damit der Blick tief wird, muss ich mich dazudenken‹ (ebd. 18). Die Erschütterung wäre dann der Dynamik des »Sich-Dazudenkens« geschuldet.

[54] Handke, *Leben ohne Poesie*, 174

[55] J. W. von Goethe, *Dichtung und Wahrheit, II. Teil, 7. Buch*, in: *Goethes Werke in 14 Bänden* [= Hamburger Ausgabe, hg. von Erich Trunz], Band 9, S. 288–92

Die katholische Theologie lehrt von einigen von ihnen (Taufe, Firmung, Priesterweihe), dass sie dem Empfänger einen *character indelebilis* (unzerstörbares Merkmal) vermitteln und ihn unauslöschlich und unwiderruflich von Gott her prägen. Handke kennt diese Aussage der katholischen Sakramentenlehre, und von da her kommt wohl auch sein ehrfurchtsvoller Blick auf die Sakramente. Die detailgenaue Betrachtung von Nicolas Poussins monumentalem Bilderzyklus »Die sieben Sakramente« in der Gemäldegalerie von Edinburgh erweckt in ihm »[m]ein Gelöbnis der Treue zu der Konstellation dieser Bilder« und er spürt »auf der Stelle das Bedürfnis, ein neues Leben – ein Gemeinschaftsleben – anzufangen, Briefe zu schreiben, jemanden zu treffen, sich zu *gesellen*«[56]. Sakramente haben, das geht aus der Reaktion des Betrachters hervor, eine Gemeinschaft erweckende Wirkung. Darum das befreiende Gefühl beim Verlassen der Kirche: »Endlich wieder unter anderen (den anderen) aus der Kirche gehen«.[57] Das Bedürfnis ist wieder wach geworden, von sich aus in Gemeinschaft mit anderen zu leben. Handke: »Die eigentliche Wirkung der Messe (der Eucharistiefeier) ist eine mittelbare: ich muss wissen – nein erfahren haben, worum es ihr in ihrer Folge geht«[58], und das heißt, die Botschaft der heiligen Feier ins Leben zu übersetzen, in die Weise des Miteinanders.

Diese Sehnsucht nach Gemeinschaft verweigert sich auch nicht dem Blick auf die Institution. Mehrmals er-

[56] Handke, *Gestern unterwegs*, 250 und 251. Das erste große Bildwerk zu den *Sieben Sakramenten* ist das Triptychon von Rogier van der Weyden im Museum von Antwerpen (1450)
[57] Handke, *Die Zeit*, 98.
[58] Handke, *Innere Dialoge*, 92

wähnt Handke die in den Kirchen angebrachten Trauerbekundungen für den verstorbenen Papst Paul VI. (6. 8. 1978).[59] Ein merkliches Beben erfüllt seine Sprache, wenn er von der erhebenden Gemeinschaftserfahrung bei einer Eucharistiefeier berichtet:

> »Die Pfingstabendmesse gestern, nach einem Tag des Alleingehens wieder oben im Karst, im Dom von Muggia unten am Golf von Triest, zelebriert von drei prächtig gekleideten Priestern [...], und sofort kamen die Tränen, ›entstürzend‹; auch kam ich gerade zurecht für das ›Sursum corda‹, Empor die Herzen! das *gesungen* wurde. Das Volk in der Kirche war, im Singen, Antworten, Segen empfangen; Kommunizieren, von einer Festigkeit, Begeisterung, Durchdrungenheit, wie ich sie ›ewig‹ nicht mehr erlebt habe [...]«[60]

Zur Realität der Gottesdienste gehört aber auch ein Feiern nach Vorschrift, in häufig deutlich erkennbarer Geistesabwesenheit der Teilnehmer. Ein routinemäßiger, desillusionierender Gottesdienst in einer Dorfkirche:

> »Der Ministrant verbirgt mit einer Art Kreuzzeichen sein Gähnen; das Leuchten aus dem Kelch auf dem Gesicht des Priesters; das scharfe Schrillen (fast insektenhaft) der Ministrantenklingeln; eine alte Frau kriegt von der Hostie Schluckauf (Morgen nach dem Tod des Papstes); Trauriges Verschwinden des

---

[59] Handke, *Die Zeit*, 142, 153, 187, 206, 217, 301 (Nachwort)
[60] Handke, *Felsfenster*, 487 (Hervorhebung dort)

P.(riesters) und der M.(inistranten) in der Sakristei; danach Anspringen eines Dieselmotors vor der offenen Kirchentür«[61]

Vor der Kirchentüre ist die religiöse Geistesabwesenheit besonders am Sonntag zu spüren. Da ist von seiner einst erlebten Sonderstellung im Zeitablauf nichts mehr zu merken. Es gibt keine Sonntagskultur mehr:

> »Am Sonntag einen sonntäglichen Menschen sehen. Wann habe ich zuletzt einen solchen gesehen? – Vor langer Zeit, an den Bauern zuhause, und dann noch einmal, vor fast einem Jahrzehnt, jene fröhlichen Frauen im Karstdorf, in der Mitte des Jahres, am Fest Mariä Himmelfahrt. Jetzt? Nur noch Freizeitleute, die Bunten, die Trainingshosenleute? Aber immer noch schallen die Glocken durch die leeren Straßen, umso feierlicher (19. Juli 1987).«[62]

An das Ende seiner Erzählung *Die Morawische Nacht* setzt Handke die Vision eines interreligiösen Gebetes im ehemaligen Apfelkeller des Heimathauses, in den hinab ihn sein Bruder begleitet. Und dann die Überraschung:

> »War das nicht eine unterirdische Kirche, oder zumindest ein Teilbereich davon? Und hatte es denn nicht immer geheißen, bestätigt durch alte Kupferstiche, dass an der Stelle des Sippenanwesens die

[61] Handke, *Die Zeit*, 142f.
[62] Handke, *Felsfenster*, 504

> erste kleine Dorfkirche gestanden war? (…) Und nun diente sie wieder als Gotteshaus, allerdings auch eher insgeheim, nicht offiziell jedenfalls, nirgends angezeigt, eine Art Krypta, oder Katakombe.« Die Alteingesessenen beten nun darin den Rosenkranz und die Marien- und die Allerheiligenlitanei, einige Fernfahrer kommen dazu, und die Neuzugezogenen aus ›Samarkand‹ beten darin das Freitagsgebet. »Und es kam auch mehr und mehr vor, dass alle drei Gruppen, die Fernfahrer, Einheimischen und die Zugezogenen, so wie oben in der Schenke sich unten in der Katakombe zusammenfanden. Und? Nichts sonst. Nichts sonst als der gute Wille, und die Menschen guten Willens. Nicht nur guten, sondern auch eines anderen Willens! Und die Schwellen? Keine. In der Katakombe gab es so etwas nicht oder die Schwellen waren keine Hemmschwellen.(…) Hell ausgeleuchtet die ganze Krypta unter dem Gasthof, still, ohne einen Ton von der Autobahn, und das Vordringliche dann der Geruch: nach Most und Äpfeln, Äpfeln und Most.«[63]

In Anlehnung an die Schlussvision von Wolframs *Parzival*, wo der Gralsritter Parzival und der heidnische Held Feirefiz im Zweikampf ihre Verwandtschaft als Halbbrüder offenbaren und daraufhin gemeinsam in der Gralsgemeinschaft ihren Dienst tun, fungiert die »Krypta« als Ort einer im Gebet bei aller Verschiedenheit vereinten

[63] Handke, *Morawische Nacht*, 494f.

und von den »Früchten der Erde« genährten Menschheitsfamilie.[64] So dringt ein Vorschein endzeitlichen Friedens in diese Keller-Kirche.

4. Sakrale und sakramentale Weltsicht II: Lebensformen

Wir sind vorhin Handkes Wort von den Evangelien als den »herrlichsten Kirchenräumen« begegnet. Von einem solchen geistigen Raumverständnis her kann man auch die beiden Sakramente von Ehe und Priesterweihe verstehen. Sie eröffnen einen Lebens-Raum durch die stete Besinnung auf ihren gottgegebenen Ursprung. In mehreren Kontexten finden wir diese Sicht auf die beiden Sakramente. Ein erstes Mal schon in der *Langsamen Heimkehr*, wo Sorger, bei einer Nachbarsfamilie zum Frühstück eingeladen, die beiden Eheleute beobachtet. Von der Frau heißt es dann:

---

[64] Handke bezieht sich auf den *Parzival* auch in der Episode, wo dem Ich-Erzähler nach seiner Heimkehr im Traum seine Mutter erscheint, die ihren Sohn mit scharfen Worten zurechtweist und dabei auch Herzeloyde, die Mutter Parzivals erwähnt: »Du mit deinem ewigen Schuldbewusstsein und deinem Schuldsuchen auch bei den anderen. Du bist unschuldig, du dummer Kerl...« Und über sich selbst belehrt ihn seine Mutter (der er doch die ergreifende Lebensgeschichte »Wunschloses Unglück« gewidmet hat): »Niemand in der ganzen Sippe konnte so froh sein wie ich, niemand auch die anderen, außer vielleicht dich, so anstecken mit seiner Freude. Herzefreude, nicht Herzeloyde, du Spielverderber.« (Ebd., 501f.)

»Die Ehe wirkte für ihre Person, welche frei schien vom Bedeutungszwang aller gängigen Meinungen, noch immer als ein Sakrament, in dem die ›zerstreuten Sinne‹, gesammelt und gereinigt‹, das Mitgefühl für den anderen machtvoll nach außen kehrten und es zu einer unerschöpflichen Lebensform machten. Das Beispielhafte an ihr war aber für Sorger, dass ›der andere‹ sich nicht bloß in dem Ehemann zeigte (der dabei doch der Mann ihres Lebens blieb), sondern in jedem, auch einem Fremden: die Ehe war für sie zu der Form geworden, welche ihr eine kindliche Offenheit bewahrte und diese zugleich in einem ungezwungenen Gemeinsinn fasste, ganz verschieden von der Pflichterfüllung einer bloß Erwachsenen. (…)

Um dieses Paar war nichts Bedrückendes. Es gab keine Anzeichen, dass sie je umeinander fürchteten. Es war geradezu undenkbar, dass sie einmal sterben würden.« [65]

Nicht umsonst beschreibt Handke das Verhalten dieser Frau als Ausdruck ihres gelebten Sakraments. Er sieht an ihr das »Unerschöpfliche« dieser Lebensform, die auch die Zuwendung zu den Menschen im eigenen Lebensumfeld einschließt, und das alles aus einer »kindlichen Offenheit« heraus.

Auf diesem Hintergrund versteht man auch die spätere Gegenüberstellung von zwei Hochzeitspaaren. Die Rede ist von einem Paar, das vor der Kathedrale steht, um

[65] Handke, *Langsame Heimkehr*, 110f.

ein Hochzeitsfoto machen zu lassen, ein anderes Paar schaut ihm dabei zu und versucht, die Liebe dieser beiden zu imitieren:

> »Auf dem Platz vor der Kathedrale stand im Mittelgrund ein Hochzeitspaar, allein im Kreis der es Umgebenden, und ganz vorn im Blickfeld saß ein modernes Paar auf der Caféterrasse (Henna, Tennisschuhe, literarische Zeitschrift): angesichts des Brautpaars umschlang sich das zeitgemäße Paar heftigst, zugleich aber ohne jede Inbrunst – das Hochzeitspaar, nur steif dastehend gewann – das moderne Paar gab auf und blätterte in der Zeitung.«[66]

Spürbar gehört die Sympathie des Beobachters dem Hochzeitspaar vor der Kirche, das sich der religiösen Bedeutung des Moments bewusst ist. Sie stellen ihre Liebe in die Ausstrahlung der göttlichen Liebe – es ist der Platz vor der Kathedrale, wo sie sich das Jawort gegeben haben – und bezeugen damit, dass sie ihre persönliche Liebe der göttlichen Liebe verbinden wollen. Was hier nur von dieser Szene her erschlossen werden kann, wird deutlicher in einer Reflexion aus der *Geschichte des Bleistifts*:

> »Gerade wurde mir klar (es war doch eine Erkenntnis), dass in der Liebe, für die Liebe, zwei allein nicht genügen: ich brauche, immer wieder einen Dritten, an den ich mich wenden könnte, zur Beruhigung,

[66] Handke, *Phantasien*, 52

> zur Bestärkung, zu Festigung, zur Neuerweckung, zur Danksagung – zur *Ergänzung*; und dieser Dritte, den ich benötige in meiner Liebe, den ich mitdenken möchte in meiner Liebe, der für die jeweilige Wendung in mir sorgt, kommt mir nur mit dem Namen ›Gott‹ in den Sinn (und: die bloße Wendung an den Dritten *ist* schon die Ergänzung).«[67]

Besondere Aufmerksamkeit gilt bei Handke der Person und dem Amt des Priesters. Das hat sicher zu tun mit seiner »Heranwachsendenzeit« (Handke) im Bischöflichen Knabenseminar in Tanzenberg, wo in den Schülern das Berufsziel Priester geweckt und gefestigt werden sollte. Unter seinen Mitschülern ist auch der slowenischsprachige Schriftsteller Florjan Lipuš, von dem er erzählt: »Wir sollten allesamt später einmal katholische Priester werden. Nur wenige sind es geworden, ich schon gar nicht; Florjan Lipuš um ein Haar«; er allerdings »nicht außengeleitet, sondern innengeleitet.« Und in seinem Roman ist dann – so Handke – von einer Religion die Rede, »von der ich noch nie gelesen habe, jedenfalls nicht so: Alles außer Macht, Amt und Obrigkeit hat in ihr seinen Platz, die Sterbenden und die Toten (…) und das Göttliche durchsäuert den Erd- und Luftleib, auch wenn es sonst keine Macht hat; auch keine haben soll.«[68] Über die Zeit in Tanzenberg fällt Handke ein scharfes Urteil: »An diesem Katholizismus, muss man

---

[67] Handke, *Geschichte des Bleistifts*, 264f. Dazu: Tück, Jan-Heiner: *In Gegenwart des Dritten.* In: *IkaZ Communio* 46 (2017), 638–641

[68] Handke, *Aufruhr und Liebe.* In: *Tage und Werke*, 62.65.66

sagen, war überhaupt nichts dran. Es war wirklich die Hölle.«[69] Später, in seinem Schreiben an den Direktor zum 50-Jahr-Jubiläum der Schule, wird er allerdings mildere Töne anschlagen:

> »Lieber Herr Mochar, danke für Ihren Brief aus den ehemals doch eher kalten Mauern von Tanzenberg. Aber natürlich muss ich wohl auch dankbar sein, auf diese Weise so nah ans Lateinische und Griechische gekommen zu sein, worin oder wobei es mir auf Dauer heimatlich und zugleich weit zumute wird. Zu Ihrem Jubiläum gehört sich kein hartes Wort (...)«[70]

Aber anstatt, wie es oftmals in ähnlichen Biographien der Fall ist, sich gänzlich abzuwenden von der kirchlichen Welt, bleibt bei Handke das Faszinosum der Einheit von Mensch- und Priestersein immer lebendig.[71] Das Geheimnis einer göttlichen Berufung begleitet diese Existenzform. Handke sieht das Erhabene und das Gefährdete daran: »Einmal einem Prediger begegnen, der das auch mit Leib und Seele ist, und die Leute erwecken will (und als ich ihm endlich begegnete, war er der einsamste Mensch im Dorf).«[72] »Nachdem er die Hostien ausgeteilt hatte, setzte sich der Priester schweigend vor

---

[69] Handke – Hamm: *Illusionen*, [illegible]

[70] Zitiert in Kapellari, *Ver*[illegible], 15

[71] In der Erzähl[illegible] *[illegible]roße Fall* spricht die Hauptperson, ein Schauspie[illegible] [illegible]ekenntnis aus, das möglicherweise die innere Be[illegible] [illegible]es Autors zum Priester-*Seelsorger* zum Ausdruck bringt: [illegible] Seelen*retter* sah er sich, wenn es darauf ankäme, fähig.« (151) Hervorhebung von mir, W.H.

[72] Handke, *Geschichte des Bleistifts*, 156

das Gebetspult und schien zu sterben.«[73] »Jeder Priester müsste sich doch die ganze Woche (oder jeden Tag) darauf freuen, das Evangelium zu verlesen. Aber wie ist es wirklich? (Rhetorische Frage).«[74] Andererseits aber die Freude, einen authentischen Priester zu sehen, in dem die Einheit der Gegensätze verwirklicht scheint: »Energischer, geistesgegenwärtiger, strenger und sanfter Priester«[75]

Eine wahre Apotheose der Priestergestalt findet sich im großen Roman *Mein Jahr in der Niemandsbucht*, und zwar im Kapitel, überschrieben mit *Die Geschichte meiner Freunde*, und darunter eine *Geschichte des Priesters*.[76] Er hat seine Berufung nicht einem Pfarrer oder geistlicher Lektüre zu verdanken, sondern einem Agraringenieur, der im Auftrag der Landwirtschaftskammer im Dorf einen Vortrag hält mit dem Titel: »Die Berufung zum Bauerntum.« Im Gespräch mit dem Ingenieur wird ihm klar, dass sein in der Kindheit gespürter Ruf, der dann vom bäuerlichen Alltag wieder zugedeckt wurde, seine eigentliche Bestimmung war. Als Pfarrer ist er in seinem Dorf ein Außenseiter, der aber durch und durch, »kompromisslos«, seiner Aufgabe hingegebenen ist, Menschenfreund und Gotteseiferer, auch geschickter Handwerker und des Griechischen kundiger Bibeldeuter. Man geht vielleicht nicht fehl, in diesem Priesterbild, neben autobiographischen Elementen einen

[73] Handke, *Geschichte des Bleistifts*, 153. Auch in: *Die Zeit*, 220
[74] Handke, *Phantasien*, 73
[75] Handke, *Die Zeit*, 188
[76] Handke, *Niemandsbucht*, 613–647

Nachklang der Lektüre des berühmten Priesterromans *Tagebuch eines Landpfarrers* von George Bernanos zu sehen, den Handke in Tanzenberg aus dem versperrten (!) Bücherschrank entlehnen durfte.

Aber den tiefsten Blick in das Wesen einer priesterlichen Existenz bietet Handke in seinem jüngsten Werk, *Ballade des letzten Gastes* (2023). Die Rahmenhandlung ist aufgebaut rund um die Taufe eines Neffen, zu der Gregor aus der Ferne in seine Heimat anreist. Er umkreist das Dorf, mittlerweile Teil einer großen städtischen Siedlung, in langen Spaziergängen, vermeidet aber die Begegnung mit seinen Leuten. Im Wirtshaus trifft er unerwartet den »abgedankten« Heimatpfarrer, der ihn lateinisch begrüßt:

> »›Salve in domino, salve in domino, salve, salve!‹« Der Besucher fragt ihn, »ob dem im Ruhestand Befindlichen der frühere Beruf fehle.« Nichts fehle ihm, beeilt sich der Pfarrer, den Fragesteller zu beschwichtigen. Aber dann nennt er »doch etwas: das gemeinsame, laute Beten!… Nur nicht zum Alleinbeten gezwungen sein, und erst recht beim Vater unser! Besser ein Obstdieb samt Gefolgschaft als ein von Gott und der Welt verlassener Alleinbeter!… Ja, und noch eines fehlt mir, und das ist mein ganz besonderer Schmerz: im Verlauf der Messfeier dann der zu sein, der das Entscheidende propagiert, über die Messfeier und über gleich welche Glaubensbekenntnisse hinaus: die Verwandlung, nicht bloß die des ›Brots‹ in den göttlichen Leib, und nicht nur des

›Weins‹ in das göttliche Blut, nichts als wieder darüber hinaus rein die Verwandlung; ohne diese kein Leben des Lebens. (…) Und jetzt, siehe da, hör zu, noch etwas: am Ende der Messe, vor dem Erteilen des Segens an die Gemeinde – ›Gehet hin in Frieden!‹ – (…).[77]

Es ist ein Priester, der sein Erfüllung findet im Vollzug der heiligen Handlung. Nachdem der Besucher vom Pfarrer noch den Segen erbeten hat, beschließt der Erzähler die Szene mit dem »Echo der letzten Worte eines Sterbenden in einem alten Buch, jenes: ›Alles ist Gnade‹ und dann: ›Gnade ist alles‹.«[78] Ein Wort, das dieses priesterliche Leben zusammenfasst: Existenz *aus* Gnade – Existenz *für* die Gnade, ganz Mensch und darin ganz Gott und den Menschen hingegeben.

5. Das Heilige auf dem Antlitz des Menschen

Schon früh hat Handke seinem Schreiben ein ernstes Programm gegeben: »Schriftsteller, arbeite mit letzter Kraft die Würde des Menschen hervor«[79]. Die Würde hat ihre Sichtbarkeit im Antlitz des Menschen, in ihm tritt uns das »Du« eines Menschen in seiner Verletzlichkeit, und gerade deshalb auch in seiner Transzendenz vor Augen – wie es Emmanuel Lévinas in den mit Handke

[77] Handke, *Ballade*, 87f.
[78] Ebd., 91f.
[79] Handke, *Geschichte des Bleistifts*, 8

annähernd zeitgleichen Werken zur Phänomenologie des Antlitzes ausgeführt hat.[80]

Das Antlitz hat aber nicht nur eine defensive Wirkung, wie es Lévinas eindrucksvoll darlegt. Es führt den Anderen aus sich selbst heraus, löst ihn aus dem Kreisen um sich selbst, befreit ihn zur *Mit*-menschlichkeit. »Das Haus der Kraft, das ist das Gesicht des andern«, sagt die visionäre Nova.[81]

Diese Ehrfurcht vor dem Antlitz des Menschen wird von den Appellen der Werbeplakate und bei den inszenierten Fernsehauftritten, die alles Leidvolle ausblenden, immer mehr ausgedünnt:

> »[B]ei vielen, die ich im Fernsehen sehe oder auf Wahlplakaten, denke ich, die haben keine Ahnung, was das ist: Universum des Schmerzes … [Der Schmerz] kommt aus der Erfahrung. Aus dem Zuschauen. Kommt aus dem … Mitleid. […] Ohne das Erbarmende geht überhaupt kein Schreiben. Aber das darf man sich nicht andauernd vorsagen: Ja, ich erbarme mich! Sondern man muss eher sagen: ›Herr erbarme dich … unser‹, wie es in der Messe heißt: Das ist sicher ein Leitsatz auch für die profane Literatur. Im Grunde darf die Literatur nicht profan sein.[82]

---

[80] *Ethik und Unendliches.* Darin: *»Das ›Du sollst nicht töten‹ ist das erste Wort des Antlitzes.«* (Ebd., 66)

[81] Handke, *Über die Dörfer*, 98

[82] Handke – Hamm, *Illusionen*, 80–81

Das Erbarmen ist die eigentliche Antwort auf die Verletzlichkeit, die aus dem Antlitz des Menschen spricht:

»[Mein Schreiben ist] [v]ielleicht ein Zur-Geltung bringen des Übersehenen. Und der Versuch, aus dem Übersehenen die Zentralorte des Weltgeschehens und der Welt zu machen oder zumindest einen Fingerzeig, Fingerzeige zu geben, dass es ein anderes Weltgeschehen gibt, ein entschieden anderes und ein wirklich ermutigendes (...).«[83] Handke blendet einmal auch die Außenperspektive auf sich und sein Mitgefühl ein und setzt dazu selbst ein Fragezeichen. Im Dramatischen Gedicht *Über die Dörfer* sagt Hans zu seinem Bruder Georg, der autobiographischen Gestalt des Dichters: »Die Eltern haben beständig darüber geklagt: Er ist nur für sich und will von niemandem etwas wissen. Er hat so viel Mitgefühl und kann dabei die Schwachen auf Dauer nicht leiden.«[84]

Freilich, ein niederschmetterndes Versagen erlebt der Autor, wie er in der *Kindergeschichte* berichtet, als er in einem Wutanfall die kleine Tochter ins Gesicht schlägt. »Erstmals sah sich der Erwachsene da als einen schlechten Menschen; nicht bloß ein Bösewicht war er, sondern ein Verworfener; und seine Tat konnte durch

---

[83] Handke – Hamm: *Illusionen*, 56

[84] Handke, *Über die Dörfer*, 28. Dem entspricht auch das eigene Bekenntnis: »Immer wollte ich retten.- Und wen oder was hast du gerettet? – Niemand und nichts« (*Innere Dialoge*, 11) Unfassbar ehrlich ist auch sein (in Klammern gesetztes) Bekenntnis in der *Lehre*: »Meine Mutter schickte mir in ihrer Sterbensangst Hilferufe, auf die ich wenig zu antworten wusste.« (25)

keine weltliche Strafe gesühnt werden.« Es ist ein öffentliches Bekenntnis, das in seiner Art auch literarisch einzigartig dasteht. Einen Ausweg sieht Täter allein in der Beichte: »[D]er Zustand der Verworfenheit dauerte an, bis der Vorfall einem Dritten ausdrücklich, und nicht nur einmal, sondern immer wieder gebeichtet war (und war auch dann nur gemildert).«[85]

Handkes Überzeugung bleibt immer aufrecht, dass erst dort, wo das »Universum des Schmerzes« auch *mit*-gesehen, und nur wenn das »beschädigte Leben« (Adorno) beachtet wird, man die Welt richtig sieht. Freilich steht dem die gesellschaftlich dominante Ausrichtung auf eine der Alltagswelt entgegengesetzte, glückverheißende »Gegenwelt« entgegen:

> »Seltsames Paradox: der Anblick eines Idioten, so wie der Anblick eines Friedhofs, rückt mir die Welt wieder ins Lot, und erdet mich (besonders an Touristenorten).«[86] Die Glücksideologie kritisieren heißt aber nicht, dass man dabei zum Misanthropen werden muss: »Durch Jacques Tatis *Les vacances de Monsieur Hulot* ist doch für immer ein nachsichtiger, auch teilnehmender Blick auf noch so verwirrte, durcheinanderdrängelnde Feriengäste entstanden,

---

[85] Handke, *Kindergeschichte*, 42ff. Der Vorfall erscheint wie die Bestätigung eines Wortes von Emmanuel Lévinas: »Das Antlitz ist exponiert, bedroht, als würde es uns zu einem Akt der Gewalt einladen. Zugleich ist das Antlitz das, was uns verbietet, zu töten.« E. L,, [Anm. 80], 64

[86] Handke, *Felsfenster*, 182

möglich, wiederholbar geworden? (siehe jetzt der Schiort Mont-Louis).«[87]

Die Würde eines Menschen bezeugen, das wird besonders dringlich dort, wo ein Mensch der öffentlichen Häme ausgeliefert ist. Handke widmet der Begegnung mit einem solchen Schicksal eine berührende Episode: Es handelt sich um einen ehemals »machthabenden Politiker im Land«, der nun sein Leben auf der Straße führt:

> »Eine Zeitlang war er noch auf den Markt gegangen, von Stand zu Stand, auch auf den Fußball oder Eishockeyplatz; hatte sich unter das Publikum gemischt, wenn einer seiner Nachfolger irgendwo eine Brücke eröffnete, einen Grundstein legte, einen ersten Spatenstich tat. Inzwischen freilich war sein Hauptort die Alte Straße. Nicht, dass es ihn wegzog von den Menschen, im Gegenteil. Er hätte weinen mögen, sooft ihn einer, nein, nicht erkannte – einfach bloß wahrnahm.«[88]

Handke blickt in das Innere eines Menschen, der durch Populismus und Intrige sein Amt verliert, wie ein Bettler froh ist über eine Münze in seinem Hut, sich daran

---

[87] Handke, *Gestern unterwegs*, 308f.

[88] Handke, *Morawische Nacht*, 406. Bei dem Politiker handelt es sich um den ehemaligen Kärntner Landeshauptmann Hans Sima (1965–1974), der im Gefolge des von Jörg Haider 1972 inszenierten Ortstafelsturms zurücktreten musste. Er zog sich dann viele Jahre ganz aus dem gesellschaftlichen Leben zurück und lebte auf der Straße, erhielt aber vor seinem Tode wieder öffentliche Anerkennung.

aufrichtet, dass jemand ihn wenigstens ansieht. Der »würdigende Blick« des Dichters ist verbunden mit einer lebenslangen kritischen Selbstbeobachtung: »Ich würdige nicht genug«, sagt er einmal.[89] Jedoch konnte man, mit Blick auf sein Gesamtwerk, sagen: »Handke hat den würdigenden Blick auf Menschen, die Opfer gesellschaftlicher Verhältnisse werden und unbeachtet am Rande der Gesellschaft stehen, stets behalten.«[90]

In die Lebensform eines Wirtes wäre ein würdigender Blick der Tätigkeit eingestiftet.[91] Sie bildet die Sehnsucht von Gregor, der Hauptgestalt der jüngsten Erzählung *Die Ballade vom letzten Gast*. In der Nacht vor seiner Abreise nach der Tauffeier mit der Familie träumt der Sohn davon, das Elternhaus in ein Wirtshaus umbauen zu lassen:

> »Ja, Wirt sein. Bewirten als Beruf. Dienstbarkeit de Dienstbarkeiten! Und was für eine – Umsicht doch nötig war dafür, ein guter Wirt, der gute Wirt zu sein. Ein jeder Schritt beim Durchqueren des Lokals, des Saals, der Lokalitäten ein Schritt des Sich-zugleich-Umsehens nach allen, die von mir etwas brauchen, eine Umsicht, wie das Wort schon sagt, um dreihundertsechzig Grad, um und um, eine Um-und-um-Schau, fast allein mit den Augen, fast ohne Kopf- oder Körperbewegung, mit Augen, Tat-

---

[89] *Handke, Innere Dialoge*, 31

[90] Kapellari, *Verwandlung*, 19

[91] Von sich selbst bekennt Handke hier einen Aufholbedarf: »Ich würdige nicht genug«. (*Innere Dialoge*, 31)

sache, im Rücken (faule Ausrede, dass ›ich im Rücken keine Augen haben kann‹)!, Phantasie von der Unsterblichkeit des guten Wirts, überhaupt der guten Wirtsleute.(…) Wer wird sie einmal singen, die Ballade vom Guten Wirt und seinem ›Endlich darf ich Wirt sein!‹? Gottlob ungeeignet zum Ohrwurm, im Unterschied zu ›Freude, schöner Götterfunken‹ und ›Mein idealer Lebenszweck sind Borstenvieh und Schweinespeck‹ – so ungeeignet zum Ohrwurm wie, zum Beispiel, ›Simon von Kyrene hilft Jesus das Kreuz tragen‹.«[92]

In der überraschenden Wende am Schluss, mit der fünften Kreuzwegstation, eröffnet der Sprecher sein eigentliches Verständnis vom Wirtsein: Es ist ein »Dienst der Dienstbarkeit« gegenüber allen Menschen, die zu einem alltäglichen Halt, oder mit der Lebenslast beladen, bei einem »guten Wirt« einkehren, zu einer Stärkung, oder vielleicht mehr noch, um in einer »sozialen Pause« als Gast ein freundliches Gesicht und ein begütigendes Willkommen zu finden. Über sein Schreiben sagt Handke einmal, ein »horizontales Gemälde« (in der Art von Balzac) »geht nicht mehr, heute muss man vertikal schreiben.«[93] Die bisher letzte Erzählung Handkes bietet mit der Kreuzwegstation ein anschauliches Beispiel dafür, wie die »vertikale Dimension« eine bewegte Biografie beleuchten kann.

---

[92] Handke, *Ballade*, 156f.

[93] Greiner, Gespräch mit Handke, *DIE ZEIT*, 01. 02. 2006

6. Weltzeit im Fehl des Heiligen – *Der Große Fall*

Die Philosophie Martin Heideggers stand eine Zeit lang im Zentrum von Handkes Aufmerksamkeit. Die von seinem Freund und ersten Förderer Alfred Kolleritsch (1931–2020) empfohlene Lektüre fand ihren Niederschlag in umfangreichen Exzerpten in seinen Notizbüchern. Eine Stelle ist dort durch doppeltes (!) Unterstreichen hervorgehoben. Es ist ein Wort aus dem Interview, das der Philosoph, kurz vor seinem Tod am 26. Mai 1976, dem »Spiegel« gewährt hatte. Heidegger spricht hier von der »Bereitschaft des Sich-Offenhaltens für die Ankunft oder das *Ausbleiben* Gottes«.[94] An anderer Stelle hatte er in ähnlicher Weise vom »Fehl Gottes« gesprochen. Genauer heißt es dort: »Im Fehl Gottes kündigt sich aber noch Ärgeres an. Nicht nur die Götter und der Gott sind entflohen, sondern der Glanz der Gottheit ist in der Weltgeschichte erloschen.«[95] Die Vision Heideggers findet bei Handke ihren Niederschlag in seiner Erzählung *Der Große Fall*, wenn die Hauptperson, ein Schauspieler, von sich sagt:

> »*Das Fehlen* der Liebe empörte ihn, zwar unter anderem auch gegen sich selber, aber zuletzt doch weit über sich selbst hinaus. Es war im Übrigen, recht be-

[94] *Stehendes Jetzt*, 101. Der Herausgeber Ulrich von Bülow vermutet allerdings, dass die Lektüre Heideggers weit über das in den Notizbüchern Vermerkte hinausging. (Ebd.,116). Hervorhebung von mir (W.H.), weil dieses Wort Heideggers – vgl. S. 46, Anm. 96 – von Handke direkt aufgenommen wird.

[95] Heidegger, *Holzwege*, 269

dacht, *nicht ein Fehlen*, welches so empörend war, *vielmehr ein Ausbleiben*. Ein *Fehlen* wäre ja schon eine Weise der Liebe gewesen, eine möglicherweise umfassendere und zukunftweisendere als eine vorhandene, greifbare, sozusagen habhafte, so wie man doch zu einem, einer Abwesenden sagte: ›*Du fehlst mir*!‹, und das war eine Art der Liebe. *Die Liebe, sie fehlte ihm nicht. Sie blieb scheußlich aus,* und so auch an diesem, an jenem Morgen. ›Ohne sie, ohne auch nur einen Augenblick *gesegnet von ihr und mit ihr und durch sie*, verdient mein Tag nicht, Tag zu heißen, bin ich nichts als ein üblicher Tagedieb‹.«[96]

Die Worte vom *Fehlen* und *Ausbleiben* finden sich in diesem Bekenntnis der Hauptperson, allerdings, von Heidegger abweichend, erweitert um das Erfahrungsfeld der Liebe, der auch personale Segensmacht zugesprochen wird, verdeutlicht durch einen dreifachen Präpositionalausdruck (*von*, *mit*, *durch*), angelehnt an die Schlussdoxologie im Hochgebet der Messliturgie (*durch Christus, mit ihm*, *in ihm*). Der diese Worte spricht, ist ein Mann, vom Erzähler schulterklopfend »mein Schauspieler« genannt, der durch eine Welt geht, die, mit Hamlet gesprochen, *out of joint*, »aus den Fugen« ist. Der Schauspieler selbst tritt schon seit ein paar Jahren nicht mehr auf, und im Leben sieht er sich als jemand, der alles andere

[96] *Fall*, 31f. Hervorhebung von mir, W.H. Auf dem Lande sagt man von arbeitsscheuen Menschen, »sie stehlen dem Herrgott den Tag.« Der dreifache Präpositionalausdruck (*von ihr, mit ihr, durch sie*) ist eine Anlehnung an einen ähnlichen Ausdruck am Ende des Hochgebetes der Hl. Messe.

als ein »Rollenspieler« ist.[97] Er lebt seinem Beruf entfremdet.

Die Begegnungen auf seinem Weg sind eine Abfolge sich steigernder Eindrücke einer Endzeit. Der Mann geht seinen Weg ohne »Ideologie«, ohne Welt(verbesserungs)programm. Was ihn bewegt, ist sein persönliches Bedürfnis zu helfen. Als er aufbricht, erfüllt ihn, nach einem reinigenden Morgengewitter, »eine vollkommene Geistesgegenwärtigkeit«[98], die ihn durchlässig macht für alles, was aus Natur und Gesellschaft auf ihn einwirkt, und das sind vor allem Bilder einer ins Elend geratenen Menschenwelt. In seinem ureigenen Bereich, in der Kunst, findet er, gibt es keine Geschichten mehr zu erzählen, keine »Offenbarung« mehr, »das Offenbarwerden eines, des Anderen, eines Größeren, des Großen, in dir und mir, oder schlicht das Sich-Offenbaren des kaum erst Geborenen in einem Sterbenden, eines leeren Schuhs als ein Gleichnis für einen stummen Todesschrei, eines aus der Hand fallenden Teelöffels als Gleichnis für einen größeren Fall.«[99]

Er verlässt das »Anwesen«, in dem er mit einer Frau, die ihn liebt, wohnt – sie hat das Haus schon früh am Morgen verlassen – und bricht auf, um zu Fuß durch das Natur-Umland in die »Weltstadt« – alles deutet auf Paris hin – zu gehen. Er will abends am Platz vor der Kathedrale die Frau wiedersehen und einen ihm verliehenen Preis entgegennehmen. Am Tag darauf würden die

---

[97] *Fall*, 14
[98] Ebd., 8
[99] Ebd, 18f.

Dreharbeiten zu einem Film beginnen, in dem er einen Amokläufer spielen sollte.

Als Zeitangabe hören wir nur, es sei der »Tag des Großen Falls«, worin dieser aber bestehe und was an ihm geschehen würde, bleibt offen.[100] Der »Weg querwaldein« wird zu einem Stationenweg, auf dem sich verstörende Begegnungen abspielen. So findet er sich unversehens vor einem mannshohen Baumstrunk, der sich plötzlich umdreht und das Gesicht eines alten Mannes zeigt. Es ist ein »Aussiedler, aus einem östlichen Land. (…) Und er war im weglosen Wald als Trauernder; um

---

[100] Der Begriff *Großer Fall* könnte den christlich-metaphysischen Kontext des »Sündenfalls« der Bibel evozieren und auf die Todverfallenheit des Menschen verweisen. Schon das großgeschriebene Adjektiv deutet auf eine metaphysische Bedeutung des Begriffs hin. Handke selbst »verwendete die Bezeichnung bereits im Zusammenhang mit dem Suizid der Mutter in *Wunschloses Unglück*, in *Der kurze Brief zum langen Abschied* sowie für das Schicksal der Familie und des slowenischen Volkes in *Immer noch Sturm* (WU 85, IS 20f.). In den 2005 entstandenen Beiblattnotizen zu *Spuren der Verirrten* verwendet Handke die Bezeichnung »Großer Fall« ebenfalls einmal.« (In: *Der Große Fall* Entstehungskontext | Handke online, onb.ac, abgerufen am 12. 4. 2023) An literarischen Bezügen wurde auf Albert Camus' *Der Fall* aufmerksam gemacht, wo ein Mann an seinem Willen zur unbedingten Hilfeleistung zerbricht. Aber es lohnt sich. auch auf die Romane von Walker Percy zu achten, dessen Erstling *Der Kinogeher* Handke 1980 ins Deutsche übersetzt hat und in dessen Roman *Liebe in Ruinen. Abenteuer eines schlechten Katholiken vor am Ende der Welt* so wie in diesem Text Handkes eine Endzeit anvisiert wird. Im Mittelpunkt steht bei Percy ein Neurologe, Dr. More, der das »Lapsometer« (aus dem lat. Verbum *labi-lapsus* einfügen: ausgleiten, fallen) erfunden hat und der um dessen therapeutische Anerkennung kämpft, weil er sich verspricht, mit Hilfe dieses Gerätes die Menschen von gesellschaftlichen Massenerkrankungen wie Sinnleere, Gleichgültigkeit und Langeweile zu heilen.

zu betrauern«[101] – vor allem seine Frau, die vor Jahren schon gestorben ist. Sein Anblick bietet dem Betrachter ein zu kaum zu potenzierendes Elend:

> »Der Anzug des alten Mannes war an den Ärmeln und unten an der Hose ausgefranst gewesen, in seinem Nacken wölbte sich ein riesiges Geschwür, an einer der Birken lehnte ein Krücke, an der Aktentasche zu seinen Füßen fehlte der Verschluss (...), sein Scheitelwirbel war verklebt von Schorf.
> ›Der letzte der Menschen‹, sagte der Schauspieler laut zu sich selber, ›so oder so.‹«[102]

Der Mann erinnert an die Jenseitsvisionen von Hieronymus Bosch, wo die Grenzen von Moder und Leben, von Pflanzlich und Menschlich verschwimmen. Dennoch weist der Wanderer den Gedanken, es sei der letzte Tag angebrochen, von sich. Aber auch die Welt der Gesunden offenbart nicht weniger ein scheinhaftes, insbesondere fitnessgeiles Dasein:

> »Da wanderten in unsterblicher Frische, mit auf den Boden knallenden Wanderschistöcken, die grau- und weißhaarigen Überzähligen. Und da, hast du das gesehen, flitzte, im ärmellosen schwarzen Laufdress, der Präsident des ganzen Landes schräg über die Lichtung (...) Da kurvten und kreuzten sie also, die Typen des neuen Welttheaters? (...) Ach, Welt. Ach, du liebe Zeit.«[103]

---

[101] *Fall*, 67
[102] Ebd., 69
[103] Ebd., 80f. (Die Anspielung auf Präsident Sarkozy drängt sich auf.)

Auch der Schauspieler selbst gerät immer mehr in den Strudel des scheinhaften Seins, der alle Menschen hier erfüllt, aber auch in der Natur (als Gemachtes, nicht Gewachsenes) zu spüren ist: »›Ich bin der Falsche. Und auch die Lichtung ist falsch, sie ist ein Fälschung. Und auch die Wälder sind falsch.‹«[104] Der Schauspieler, wenn er sich von einem Ort entfernt, geht rückwärts, weil er das Gefühl hat, der Gegend unrecht getan zu haben und um sich auf diese Weise bei ihr zu entschuldigen. »Einen König Rückwärtsgeher: So einen möchte ich spielen.«[105] Diese Rück-sicht erfüllt den Mann beim Gedanken an die vom Leben Benachteiligten. So wendet er sich auch einem Waldstreicher, einem ehemaligen Bekannten zu, der, »immer in Distanz sich bewegend, die Scheu und den Stolz in einer Person« verkörpert. Als er ihm helfen will, »kam als Reaktion von dem starr, mit weit gespreizten Beinen Sitzenden nichts als eine Schwade ungeheuren Gestanks, eines Gestanks noch jenseits der Verwesung.« Sprechen kann er nur, indem er losbrüllt: »›Halt's Maul!‹ – Ta gueule!«[106]

Ein anderes Mal trifft er einen Mann, der einmal »sein Nachbar gewesen [war], ein guter. Fast ein Freund.«[107] Er war angesehener Wirtschaftsfachmann gewesen, jetzt aber hat er die Sprache fast verloren, kann nur mehr in einzelnen Worten reden, zuerst Hauptwörter, dann Zeitwörter und andere. Mit der Syntax ist ihm auch jeder Zusammenhang verloren gegangen. Im-

[104] *Fall.*, 84
[105] Ebd., 103
[106] Ebd., 107f; 112
[107] Ebd., 137

mer wieder spürt der Schauspieler den Wunsch, ihm zu helfen. »Helfen entsprach ihm. Ihm, dem Schauspieler? ›Ja‹.«[108] Dabei ist es weniger eine äußere Hilfe, auf die er aus ist. »Als einen inneren Retter stellte er sich vor. Zum Seelenretter sah er sich, wenn es darauf ankäme, fähig.«[109] Auf seinem Weg stößt er immer wieder auf Feindseligkeiten zwischen Nachbarn, »Nachbarnkriege«, wie etwa: »Einer pisste von einer Stehleiter auf das feindliche Zucchinibeet.«[110] Der Schauspieler erlebt das alles als »eine Endzeit. Aber man hatte sich an diese gewöhnt. Sie würde nie enden.«[111] Je näher er der Stadt kommt, umso drängender wird sein »Hunger auf Speise, auf Frau und auf Geist, alles in einem, den er in sich stürmen spürte.«[112]

Einem Glockenton folgend, kommt er zu einer Kirche. Es ist mitten am Nachmittag, er ist der einzige im weitläufigen Schiff, der Priester zelebriert eine Stille Messe. Es ist das Bild einer Gesellschaft, die von Gott abgekommen ist. Der Besucher scheint für den Priester nicht anwesend zu sein, und obwohl ihn dieser nicht anschaut, ist ihm, als wären seine Worte gerade ihm bestimmt:

»›Ja die Ohnmacht Gottes! Aber seine Allgegenwart ist seine Macht, seine einzige. Das heißt, sie wäre es, wenn. Sie wäre eine Macht, und was für eine, würde ich, wenn ich sie bräuchte, mich ihrer bewusst ma-

---

108 Ebd., 149
109 Ebd., 151. Vgl. Anm. 71
110 Ebd., 169
111 Ebd., 169f.
112 Ebd., 174

> chen und mich an sie wenden.‹«[113] Im Moment der Wandlung spürt er »ein Bedürfnis, eine Sehnsucht – oder war das Teil seines Hungers? – nicht allein auf die Knie zu fallen, sondern der Länge nach hinzustürzen und mit dem Gesicht nach unten liegenzubleiben, und zugleich war es eine Erleichterung, dass solch ein Hinstürzen, zwischen den Bänken da, nicht möglich war. Die Kommunion ließ er aus (...).[114]

Vom Priester wird er in die Sakristei geladen, wo die beiden, »in der Heiterkeit, die von der Eucharistiefeier ausgegangen war«, nun miteinander ein Essen teilen. Nachdem sie miteinander die Sakristei aufgeräumt haben, nennt ihn der Priester, ohne auf die Bedeutung des Namens anzuspielen, aber in Weiterführung dieser Bedeutung:

> »Christoph – denn Sie tragen, du trägst das Gewicht der Welt! Wozu passt, dass du einen Zug um den Mund hast wie einer, der die Bitternis getrunken fast bis zur Neige, und nicht einmal ungern.«[115] Der Priester weiter: »›Du bist weder König noch ein Desperado, Bruder Christoph. Du bist ein Schauspieler. Woran ich das erkannt habe? An deiner Unauffälligkeit, an deiner ›Unperson‹. (...) Und woran ich das weiter erkannt habe? An deiner Geradheit, Unverstelltheit. An deiner Unbedingtheit: Und warum ich

[113] Ebd., 179
[114] Ebd., 180f.
[115] Ebd., 185

das erkannt habe? Weil ich, als Priester, selber so ein Schauspieler bin, es zu sein habe.‹«[116]

Mit einer Freude »durchwirkt von Schmerz«, pilgerte er dahin, es war »nicht seine persönliche Freude, die ihn trug, nichts hatte sie zu schaffen mit ihm allein, sie überstieg ihn.«[117] In diesem Bewusstsein beschließt er, der abendlichen Feier fernzubleiben.

Immer häufiger wird der Zeit-Hinweis auf den »Tag des Großen Falls«, an dem sich das alles abspielt, ohne dass jedoch deutlich gemacht würde, was da noch zu erwarten ist. Es herrscht aber, so viel wird gesagt, »Zeitnot, Notzeit«. In diesen Stunden befällt ihn der Gedanke an den Tod: »›Es ist aus. Ich lasse alles liegen und stehen. Ich rühre keinen Finger mehr. Ich sage kein einziges Wort mehr. Die schwarze Wolke ist über mich gekommen, ich bin sie selber. Der böse Mond ist aufgegangen, ich bin es selber. Bleibt alle weg von mir, jetzt und in der Stunde meines Todes, welche jetzt ist.«[118] Den Todesgedanken entspricht die endzeitliche Stimmung, die ihn beim Anblick der Menge befällt. Auf der Fahrt in die Innenstadt erscheinen ihm die Gesichter der Fahrgäste »durchtränkt von einer nicht mehr zu steigernden Traurigkeit. (…) Zu erahnen an ihnen war einzig etwas wie ein Tötungswunsch, ein Kriegführenwollen. Nein, nicht

[116] Ebd, 186. Handke spielt mit diesem Selbstbekenntnis des Priesters darauf an, dass er als solcher bei der Wandlung *in persona Christi*, an der Stelle Christi spricht,

[117] Ebd, 188

[118] Ebd., 216f.

zu erahnen: zu erschlüsseln, zu erwittern, zu riechen.«[119] Man mag an Sigmund Freuds (nach dem Eros) zweiten Urtrieb des Menschen, den Thanatos denken, den Todestrieb, der hier rundum alle Menschen erfasst zu haben scheint. Später, auf dem Platz vor der Kathedrale, beim Anblick der Menge: »Überhaupt erschien als das Gemeinsame der Menge, an den Frauen wie den Männern, eine große Ratlosigkeit. Die Lippen waren ihnen geschwollen vor Ratlosigkeit, und er stellte sich diese angeschwollenen Lippen auch hinter Schleiern vor.«[120]

Als er die Frau wiedersieht, erkennt er sie zunächst nicht, aber als sie, wie er schließt, einer anderen Frau von ihm erzählt, sieht er, »von diesem Erzählen war ein Leuchten in ihr Gesicht getreten. (…) Er war der Frau nicht würdig. Er verdiente es nicht, diesem Antlitz nahe zu sein.«[121] Von ihren Lippen liest er das Bekenntnis ab: »›Mit ihm: öffnet sich in mir ein Flügel, von dem ich nicht wusste, dass er da war (…). Ohne darauf aus zu sein, rettet er mich, und rettet mich wieder, und rettet mich von neuem.‹«[122] Es ist das Gegenbild der Liebe zur Untergangsatmosphäre rundum.

Ein anderes Gegenbild bietet sich, als der Schauspieler auf den Bodenkacheln eines Metroeingangs, inmitten von Leuten, die ihn umstehen, einen Sterbenden liegen sieht:

> »Es begegneten sich ihrer beider Augen. Der Sterbende hatte ihn angeblickt, groß, als habe er auf ihn

[119] Ebd., 230
[120] Ebd., 242
[121] Ebd., 249
[122] Ebd., 250

> gewartet. (...) Diese reglosen, aber noch nicht gebrochenen Augen hatten ihm bedeutet: Ich erkenne dich. Du bist erkannt! (...) Und er fügte dann, in seinem Selbstgespräch, hinzu: »›Diese Augen haben mir wohlgewollt. Sie wollen mir wohl. Sie werden mir wohlgewollt haben. – Aber ob es nicht schon zu spät ist?‹ Und auf offener Straße, inmitten der Menge bekreuzigte er sich (...)«[123]

Der Blick eines Sterbenden, mit Wohlwollen auf ihn gerichtet. Die drei Zeitstufen des Verbums *wohlwollen* lassen an den zeitlosen Blick des sterbenden Gottes denken. Die Szene erinnert an den Blick der Christus-Gestalt in *Mein Tag in einem anderen Land.*[124] Offen bleibt, worauf sich die selbst gestellte Frage, ob es nicht schon zu spät ist, bezieht. Zur Atmosphäre der Verlassenheit unter den Leuten gehört auch, »wieviel Seufzen auch von den fast durchweg jungen Passanten hörbar wurde«, ein »Seufzerchor«, »dazu noch so ein verständlicher Satz, ein einziger: ›Sie kennen keine Barmherzigkeit‹«. Im Vorbeigehen dringt aus einer vollen Kirche das Vaterunser mit der der bisher nie gehörten Variante: »›...und erlöse uns von uns, dem Übel!‹«[124a] Im Blick über die Menge hin: »Jammer. Universum des Schmerzes. (...) Und, wie so oft schon, war er nah dran, unter der Last des fremden Elends zusammenzubrechen.«[125] Vor der Bar, auf dem kleinen Platz bei der Kathedrale, sieht er, wie vereinbart, die Frau:

---

[123] Ebd. 261f.
[124] Siehe unten, S. 61
[124a] *Fall*, 263f.
[125] *Fall*, 271f.

> »Sie hatte Durst. Nicht allein sie, auch alle übrigen dort Sitzenden, erschienen ihm als die Heiligen der Letzten Tage, andere als die geläufigen. Hunger und Durst, Durst und Hunger. (…) Über dem Kirchentor, in Blockbuchstaben, das Thema, oder was immer, der Predigt vom Sonntag, oder sonstwann: WAS SUCHT IHR DEN LEBENDEN UNTER DEN TOTEN? (…) Wie verloren sie beide waren, wie – ausgerenkt an Leib und Seele, er hier und sie dort, verloren unter dem Himmel, ein jeder für sich wie auch für den andern.«[126]

Die Endzeit hat offenbar auch die Liebe der beiden erfasst. Am Schluss steht beides, unverbunden, in schrillem Kontrast: die einem leeren Platz verkündete Auferstehungsbotschaft und der Blick auf die sich selbst überlassene menschliche Existenz – Offenbarung unerlösten Daseins. Aus einem der kleinen Häuser im Geviert vor der Kathedrale ist das Geräusch von Schritten auf einer Holztreppe wahrnehmbar, auf der »eine Mutter … in das verlassene Zimmer des verlorenen Sohns« hinaufsteigt. »Das Summen der Trostlosigkeit. ›Gib, dass…‹ Gib was?«[126a] Eine *mater dolorosa*, mit dem Anflug eines Gebetes auf den Lippen, den leidvollen Gedanken an den verlorenen Sohn im Herzen. Das erste Wort eines Gebetes, in den Schmerz des Verstummens hinein. Äußerste Verdichtung eines Fehlens, in einer du-los gewordenen Welt.

---

[126] Ebd., 277f.
[126a] Ebd., 279

Es ist die beschließende Offenbarung des »Großen Falls.« Über die Welt ist die präapokalyptische Zeit gekommen, von der die Propheten gesprochen haben: »Verwirrung herrscht und nicht mehr Jauchzen auf den Bergen«, »das Verhängnis nimmt seinen Lauf. Die Anmaßung wächst, der Rechtsbruch gedeiht« (Ez 7,7.10). Die Menschen sind ratlos, einander abgrundtief entfremdet, Bilder des Todes drängen sich auf. Und das stammelnde Gebet am Schluss lässt an das Jesus-Wort denken: »Wird der Menschensohn noch Glauben finden, wenn er kommt?« (Lk 18,8) Man kann die Erzählung ansehen als den Versuch, mit Bildern aus einer albtraumhaft geschauten Lebenswelt die durch den Verlust ihres transzendenten Halts bewirkten Deformationen anschaulich zu machen. Den »Fehl Gottes«, wie er an individuellen Schicksalen erscheint, ebenso wie an der kollektiven Psyche.

7. Die Christus-Gestalt

Wenn man sieht, in welch persönlich bekenntnishafter Weise Handke das Heilige in den Sakramenten zur Sprache bringt, fragt man sich unwillkürlich, ob auch, oder wie, von Jesus Christus die Rede ist, vom »Heiligen Gottes«, wie das Evangelium sagt (Joh 6, 69), der doch das Zentrum jeder Feier bildet. Noch vor seiner in der *Langsamen Heimkehr* zum Ausdruck gekommenen metaphysischen Wende gibt es am Anfang der Erzählung *Die linkshändige Frau* eine Szene, wo die Frau, die dem Kind das Pausenbrot für die Schule vorbereitet, zum Spiegel geht und unvermittelt sagt: »Jesus – Jesus – Jesus«.[127] Für Harry Baloch »[sagt die] dreifache Nennung des Namens Jesu nichts über die Weise, in der sich die Frau in dieser Situation auf die Person Jesu bezieht.«[128] Aber die dreifache Nennung des Jesus-Namens durch die Frau, die sich gerade von ihrem Mann getrennt hat, kann durchaus gelesen werden als ein »untergründiger« Hinweis auf die Passionserzählung.[129] Denn nicht ohne Belang ist in diesem Zusammenhang ihr Rückblick auf ein Erlebnis am Strand, »voll verborgener Dramatik, die im gemeinsamen Sich-Erinnern der Frau mit dem Kind liegt.«[130] Zur Erläuterung ihrer Erinnerungsbilder erzählt die Frau dem Kind dann von einem Erlebnis, das sie bei der Betrachtung der Leidensstationen Jesu Christi des amerikanischen Malers Barnett Newman hatte, dessen Bilder nur aus schwarzweißen Flächen bestanden.[131] Beim letzten, einem nur noch weißen, schiebt sich das vorletzte, ganz schwarze, für einen Moment noch einmal, als »flimmerndes Nachbild« in die Wahrnehmung hinein. Das Dunkle wird gewissermaßen ins das Helle hinein »aufgehoben«: möglicherweise eine Anspielung auf das Auferstehungsgeheimnis.

---

[127] Handke: *Linkshändige Frau*, 24

[128] Baloch, *Ob Gott*, 191. Man könnte die drei Worte auch, mit Lew S. Wygotski, der »Inneren Sprache« zuordnen, die unreflektiert und ungrammatisch spontane Regungen ausdrückt.

[129] Ebd., 192–196

[130] Ebd., 194

[131] Ebd., 194–196. Die Kreuzwegstationen bilden somit einen motivischen Rahmen, der das Werk Handkes von der *Linkshändigen Frau* (1976) bis zur *Ballade des letzten Gastes* (2023) umspannt.

In seinem Gespräch mit Peter Hamm wird die Beziehung des Dichters zu Jesus Christus explizit angesprochen:

Hamm: Es heißt einmal, in der »Wiederholung« glaub ich: ›Der Gekreuzigte wird zu meinem Alphabet.‹[132]

Handke: Steht das da, ja?

Hamm: Das wäre ein großer Gegensatz zu Goethe.

Handke: (...) Die Geschichte von Jesus ist unser aller Geschichte. Die Geschichte von Buddha, ich weiß nicht, eher weniger. Mohammed, auch da eher weniger. Weil da viel, viel Macht drin ist bei Mohammed. (...) Bei Jesus aber ... seine Zornausbrüche gegen die Wechsler im Tempel sind ja wunderbar. Und auch seine Flüche. Ich kann das alles nachvollziehen, oder vorvollziehen, wie auch immer er erfunden ist. Aber die Johannes-Passion, die Erzählung von Vorsterbeabend und Sterbeabend von Jesus, das ist die gewaltigste Erzählung der Menschheit. Ich mag nicht gern Superlative, aber mit welcher Trauer... Trauer und Begeisterung der Jünger Johannes das Sterben eines Menschen erzählt, der einfach nur durch sein hingegebenes Sterben gottgleich wird (...), da wundert man sich nicht, dass Bach so ... die Parallelmusik in den Sinn gekommen ist.«[133]

Ein ähnliches Bekenntnis findet sich auch im Gespräch mit Hubert Patterer und Stefan Winkler: »Was in den

---

[132] Handke dürfte irgendwo dem Bonaventura-Wort begegnet sein: »Der Gekreuzigte ist meine Bibliothek«. Ähnlich bei einem populären Heiligen, dem Kapuziner Konrad von Parzham: »Das Kreuz ist mein Buch«.

[133] Handke – Hamm, *Illusionen*, 131–133

Evangelien steht, wird nie ungültig werden. Es gibt nichts Tiefsinnigeres und Weitherzigeres, als das, was uns von der Gestalt des Jesus Christus überliefert ist.«[134] Handke geht aber noch weiter in seinem Bekenntnis: »Ich fühle mich in der Nachfolge Christi, ohne dass ich sein Nachfolger wäre. Er ist für mich die größte Gestalt der Geschichte.«[135]

Gelegentlich wagt Handke auch einen synthetisierenden, man möchte sagen literarisch inspirierten Blick auf die Geschichte Jesu: »Die Geschichte Jesu als eine dramatische Entdeckungsgeschichte: die Entdeckung des Göttlichen in sich – die wiederum zum Menschendrama an sich führt«[136] Die ihn persönlich bewegende Lektüre der Evangelien setzt beim Erzähler Handke auch Fragen in Gang, wie sich diese oder jene Szene weiterentwickelt haben könnte:

> »Die ›die eine der Mädge‹, die den in der Ölbergnacht seinen Herrn Jesus Christus verleugnenden Petrus zur Rede stellt: wie ging es mit ihr weiter? Und jener dem am See Genezareth durch Jesus von all seinen bösen Geistern befreite, der daraufhin jenseits des Sees, in der Dekapolis, davon künden sollte: wie ging es mit ihm weiter? Und der römische Zenturio, der beim Tod Jesu auf Golgotha sagt: ›Das war wahrhaftig der Menschensohn!‹: wie ging es weiter mit ihm? (Epische Perspektiven!)«[137]

---

[134] Handke, *Im Gespräch*, 108

[135] Greiner, *Gespräch mit Peter Handke*, DIE ZEIT, 01. 02. 2006

[136] Handke, *Gestern unterwegs*, 245

[137] Handke, *Innere Dialoge*, 218

Eine kurze Erzählung, 2021 erschienen, *Mein Tag in einem anderen Land*, bietet nun genau das: eine Paraphrase des vorhin erwähnten biblischen Berichts von Heilung des Besessenen von Gerasa in Mk 5, 1 – 20. Der Besessene tritt hier als Ich-Erzähler auf und ist für den Autor Projektionsgestalt für den ihm eigenen und von ihm mehrfach beklagten Jähzorn. Aus der Mitte der Fischer, die ihn am Ufer eines heimatlichen Sees umstehen, blickt ihn ein Mann an, dessen Gestalt und Ausstrahlung gleich an den Jesus der Evangelien denken lässt: »Und ich fühlte, nein, ich wusste mich von diesen Augen angeblickt, wie ich noch keinmal von einem Menschen angeblickt worden war. Nicht allein ein Anblicken war das, sondern darüber hinaus – wieder nein – daneben!, ein Zuschauen, ein rein mitgehendes, selbstlos teilnehmendes, freundschaftliches.« Und der Erzähler fährt fort: »Da war er endlich, der gute Zuschauer, wie er mir all die Zeit des Wahns so notgetan hatte. Und, wahrhaftig ›im Nu‹, war ich ihn los, den Dämon; fuhren sie aus aus mir, die Dämonen.«[138] Der »gute Zuschauer« – eine wunderbare Abwandlung des Wortes vom Auge Gottes, das in der Tradition meist mit dem alles überwachenden, strafbereiten Blick Gottes in Verbindung gebracht wurde.[139]

---

[138] Handke, *Mein Tag*, 46. – Das Bild vom »Guten Zuschauer« lässt an Nikolaus von Cues' Abhandlung zur mystischen Theologie in seinem Büchlein *De visione Dei* denken: Im Aufblick zu Christus am Kreuz habe er von dort die Stimme vernommen: *Sis tu tuus et ego ero tuus* – »Sei du dein, dann werde auch ich dir gehören.« In der Krise der Identität empfängt der betende Mensch Halt im liebenden Blick Christi. –

[139] Der besänftigende Blick des »Guten Zuschauers« findet sich auch bei dem des »müden Gottes«, einer Statue in der Kathedrale von

In der Folge erzählt der Geheilte vom ersten Tag nach seiner »Erlösung«, aber bloß um »anzudeuten, was folgte; die Wochen, Monate, Jahre«[140], von seiner geheilten Existenz also. In einem leichten Boot setzt er über den See und steigt aus am Ufer im Gebiet der Dekapolis (so heißt die Gegend im Markusevangelium) und macht sich, der Straße folgend, auf den Weg. Er erlebt eine andere Welt: aus dem Werktag wurde ein Feiertag, und er ist erfüllt von einer ihm bisher unbekannten Daseinszuversicht.

> Gleich zu Beginn hatte er, »und nicht bloß im übertragenen Sinn, den Staub von den Füßen geschüttelt (dass es nur so staubte, fast bis zur Augenhöhe), und nichts mehr war mir widrig, und das über den Tag hinaus.«[141] Er erfährt sich als im Innern verwandelt: »All meine angeborene Ungeduld[142] – die ›Mutter meiner Dämonen‹?, Ur- dämon Ungeduld? – war aus dem Spiel, und damit auch die Nothelferin Geduld. Sie tat mir nicht mehr not. Und alle, die mich an jenem einen Tag übersahen oder gar missachteten, kamen mir nur recht. Auch an ihnen fand ich mein

---

Jaen: »Der Blick des müden Gottes ist doch nicht ganz machtlos, wenn du nur seiner gewärtig bist: Er gibt dir, im Frieden, das Maß; mäßigt dich; das Maß? – Er führt dich zurück, zurück worauf ? Auf deine Müdigkeit? Auf dich als den, der du bist? ›Auf deine Deinheit‹ (*Gestern unterwegs*, 377) Hier ist diesmal ein expliziter Bezug zum Wort des Cusaners in Anm. 138

140 Handke, *Mein Tag*, 54

141 Handke, *Mein Tag*, 65

142 Ein schönes Wort dazu, eine Notiz aus *Gestern unterwegs*: »Eine/r müsste einmal einen, den Geduldstanz erfinden (kreieren) und mir dessen Tanzschritte vormachen (ohne es selber zu merken), 374

Maß.«[143] Etwaige Hindernisse werden zu »Hindernisfreuden«, und überhaupt: es geht ein Zauber des Friedens von ihm aus. Von seiner konfliktererfüllten Existenz sagt er sich los: »›Nie mehr Entzweiung; Schluss mit der ewigen Getrenntheit; angehörig sein, ein Angehöriger!‹ Und das stand mir ins Gesicht geschrieben – und nicht nur dort.«[144]

Die Erzählung endet mit einem Traumbild, einem Ruf in die Leere hinein: »›Seid ihre alle da?‹«[145] Es ist die Besiegelung der vom Blick des »Guten Zuschauers« bewirkten Versöhnung des Erzählers mit sich selbst und den Menschen auf seinem Weg, Die alte Kasperl-Frage ist der heitere Ausdruck seiner geheilten Seele und ihres versöhnten Blicks auf die Menschen.

Handkes Tagebuchnotizen verraten auch immer wieder eine überraschend persönliche Christus-Frömmigkeit. Er notiert sich das Paulus-Wort »Christus in ihm«.[146] »Die Glocken, vor allem die am Freitag um drei, bestärken mich in meiner Schwachheit (»commune dolor« ist Petrarcas Wort für den Karfreitag)«[147]. Er bekennt sich

[143] Handke, *Mein Tag*, 66
[144] Handke, *Mein Tag*, 89
[145] Handke, *Mein Tag*, 94
[146] Handke, *Die Zeit*, 79. Das Zitat bezieht sich auf das Paulus-Wort »Nicht mehr ich lebe, sondern Christus lebt in mir« (Gal 2,20). Die Aufmerksamkeit des Wanderers gilt auch den IHS (=Jesus)-Zeichen an den Bauernhäusern (ebd., 195).
[147] *Phantasien*, 99. Das Glockengeläut am Freitag soll die Gläubigen an die Sterbestunde Jesu am Kreuz erinnern, zu der es ein altes Gebet gibt, das mit den Worten beginnt: »Es sind Finsternisse geworden…«

hier zum Glauben, dass Jesus *pro nobis,* zur Vergebung der Sünden den Kreuzestod erlitten hat und dass deshalb die eigene Sündigkeit niemals das letzte Wort über das Leben eines Menschen sein kann. »Das Gefühl für den leidenden Christus wappnet mich mit Zorn gegen die Vernünftler«[148]. Man kann dieses Wort am besten verstehen, wenn man an die Kreuzwegandachten denkt, die der Autor von seiner Kindheit her kennt und die in den Gläubigen die *compassio* mit dem Kreuzesleiden Jesu erwecken sollen. Wo eine solche Anteilnahme herrscht, ist kein Platz für die Diskussion über theologische Thesen der »Vernünftler«, wie z. B. darüber, ob Jesus Gottes Sohn war, oder ob er sein Leiden als Sühneleiden verstanden hat.

Der Gedanke Blaise Pascals aus den *Pensées*: »Christus leidet Todesangst bis zum Ende der Zeiten«, der die übergeschichtliche, menschheitliche Dimension der Passion Christi anspricht, ist Handke ebenfalls vertraut: »Gestern erschaute ich: Die Folterer überall, seit Beginn der Zeiten, erkennen an dem jeweils Gepeinigten, mitten im Peinigen, das Antlitz (des) Gottes – und lassen, nach dem ersten Erschauern, eben *nicht* ab, sondern verstärken und beschleunigen noch die Tortur, (der) Gott muss getötet werden, er muss weg!«[149] Die Identifikation Christi mit den Opfern von Verfolgung und Gewalt, biblisch grundgelegt in seinem Wort an Saulus/Paulus: »Saul, Saul, warum verfolgst du mich?« (Apg 22, 7), ver-

[148] Handke, *Gestern unterwegs*, 159

[149] Handke, *Gestern unterwegs*, 183 (Hervorhebung dort)

leiht allen Opfern der Gewalt eine christologische Signatur.
Handke, der sich einst das Programm gegeben hatte: »Arbeite mit letzter Kraft die Würde des Menschen hervor«[150], notiert sich das Wort eines (nicht mehr erinnerbaren) Autors, um sich, wie an einem Anker, daran festzuhalten: ›Heutzutage, angesichts so viel hässlich bunter Menschheit, braucht man, um die zu lieben, schon die Liebe eines Gottes – die Liebe eines Menschen schafft es nicht mehr‹«[151]

Die zuletzt angeführten Handke-Worte zu Christus lassen eine von der literarischen Kritik bei ihm bisher kaum beachtete Christus-Frömmigkeit hervortreten.

8. Das Heilige im »Freudenstoff« der Welt

Ein Gedicht Handkes bietet den besten Zugang zu der ihm im Laufe der Jahre immer wesentlicher werdenden, alle Seinsbereiche umfassenden Weltbejahung.

An den Morgen[152]

Aufgewacht vor dem morgenhellen Himmel:
Über die noch dunklen Dächer
Treibt aus den Kaminen schon langsamer Rauch
Die Vögel singen: *Sine fine dicentes*
Und alle Lieben leben

---

150 Handke, *Geschichte es Bleistifts*, 8
151 Handke, *Gestern unterwegs*, 212
152 Handke, *Flanieren*, 121

Da ist die Natur (morgenheller Himmel, Vögel), die Menschenwelt (Dachlandschaft, Rauch), die himmlische Welt (die lateinischen Worte stammen aus der Messliturgie, die das Sanctus, den Gesang der Engel vor Gottes Thron einleiten), die Freude darüber, dass die lieben Menschen alle leben. Alle Dimensionen der Existenz erscheinen hier in beglückender Verbindung. Das entspricht in etwa dem, was Goethe (mit der Bibel) mit dem Adjektiv »herrlich« bezeichnet.[153] Handke hat dafür eine einzigartige Wortschöpfung: das Sein ist der *Freudenstoff*: »Jetzt kann ich sagen, was ›das Sein‹ ist: der Freudenstoff; Sein, / Freudenstoff! (*M'illumino d'immenso*)«.[154] Wenn die Welt »Freudenstoff« ist, ist die Freude »die einzige rechtmäßige Macht.«[155]

Die Welt als Sein zu meiner Freude – ist die Welt einmal so definiert, ist es unausweichlich, dahinter eine personale Macht zu sehen, den göttlichen Schöpfer, der dem Menschen diese Welt geschenkt hat. Am besten, man gebraucht »das ›Gewahrwerden der Schönheit zum Stoßgebet.‹[156] Was man sich dabei vornimmt, kann einem

---

153 Am bekanntesten ist sein *Mailied*: »Wie herrlich leuchtet / mir die Natur / wie glänzt die Sonne / wie lacht die Flur«

154 *Phantasien*, 89. Das italienische Zitat stammt vom Lyriker Giuseppe Ungaretti, aus dem Jahr 1917. In der Übersetzung von Ingeborg Bachmann: *Ich erleuchte mich / aus Unermesslichem.*(Giuseppe Ungaretti: Gedichte (planetlyrik.de) Abgerufen 14. 4. 2023
Von Peter Strasser stammt eine Handke-Interpretation mit diesem Titelwort: *Der Freudenstoff. Zu Handke eine Philosophie*. Salzburg 1990.

155 Handke, *Über die Dörfer*, 104

156 Handke, *Baumschattenwand*, 265. Schon sehr früh, nach einem zunächst begeisterten Spinoza-Studium, regt sich in Handke der

freilich immer wieder verloren gehen: »Sich nicht freuen können: eine Dummheit (jedenfalls immer wieder die meine).«[157] Daraus versteht sich auch die Bitte an Gott: »Gott, schau mit mir = Gott schau aus mir!« (Gebet)«.[158] Ein solchermaßen ausgerichteten Bewusstsein wird sich wie von selbst der Worte eines in der Öffentlichkeit obsolet gewordenen religiösen Vokabulars bedienen: »Der inspirierte Dichter ist es seinen Lesern, das heißt im Grund: der Menschheit schuldig – obwohl er ursprünglich nur sich selbst verpflichtet sein mag – die Dinge in einem Licht zu zeigen, so dass wir altertümliche Begriffe wie ›Schöpfung‹ und ›Seele‹ wieder verwenden können, ohne uns dafür genieren zu müssen.«[159]

Das Bewusstsein muss zuerst wieder zur Erkenntnis das eigenen Geschöpf-Seins gelangen, um die Welt richtig zu sehen: »Nur das Geschöpf in mir sieht die Schöpfung. Nur wenn das Geschöpf in mir erwacht, sehe ich die Schöpfung. Und wie das Geschöpf wecken? Es lassen«.[160] Das Geschöpf-Sein kann man nicht aus naturwissenschaftlichen Prinzipien ableiten, man muss es (dankbar) annehmen, oder wie Handke sagt, »es sein lassen.« Immer wieder bricht aus dem Dichter das Bekenntnis hervor, dass die Welt mehr ist als das »Fak-

---

Einwand gegen dessen du-losen Monismus: »Und doch, wenn ich in einer Ewigkeit nur in den Farben und Formen wäre, wäre ich vielleicht doch enttäuscht, wenn es keinen persönlichen Gott gäbe.« (In: Handke, *Das stehende Jetzt*, 129)

[157] Handke, *Baumschattenwand*, 166

[158] Handke, *Baumschattenwand*, 103

[159] Strasser, *Wär nicht das Auge sonnenhaft*, 44

[160] Handke, *Baumschattenwand*, 166

tische«, das die Wissenschaft interessiert: »Dein Blick soll dich leiten, nicht dein Gehirn«.[161] Der Augenmensch, der Handke (wie Goethe) ist, wird immer dazu stehen: das Schöne, das sich dem Auge zeigt, ist mehr als das, was ich von der Welt begreife: »Ich bin nicht auf der Welt, damit mir jemand die Welt erklärt«.[162] Im Rückblick auf eine beglückende Wanderung im Soča-(Isonzo)-Tal notiert er sich: »(…) ja, es gab, es gibt noch jene Welt, von der man, nach Hölderlin, ›heilig‹ sagen kann, und es gibt die heilige Zeit (9. Sept, 1988)«.[163]

Zum In-der-Welt-Sein des Menschen gehört die Sehnsucht, die Sprache der Natur zu lesen zu können. Handke zitiert dazu den Zuspruch des Engels im Bekehrungserlebnis des hl. Augustinus: »Was sagte gerade das tiefste Blau des Himmels? – ›Nimm und lies!‹«[164] Aus dieser Herausforderung, die Schöpfung zu lesen, und das heißt, mit der Sprache so nahe als möglich an die Schöpfung heranzukommen. entspringt die nur als Sprach-Wunder zu bezeichnende *Epopöe der Glühwürmchen* in der Sammlung von Prosa-Skizzen unter dem Titel *Noch einmal für Thukydides*. Der Text besteht aus nur einem, allerdings zwei Seiten langen Satz, eine Überfülle an Wahrnehmung drängt hier ins Wort. Ein Ausschnitt:

> »Eine Epopöe fehlt noch (nein, viele fehlen noch): die der Glühwürmchen, wie sie zum Beispiel gestern,

---

[161] Handke, *Gestern unterwegs*, 353
[162] Handke, *Baumschattenwand*, 101
[163] Handke, *Gestern unterwegs*, 223. In diesem Band gibt es eine Seite mit Hölderlin-Zitaten, ebd. 50f.
[164] Handke, *Baumschattenwand nachts*, 186 (*Confessiones* VIII, 29)

> in der Nacht vom 29. zum 30. Mai 1988, zwischen Cormòns und dem Dorf Brazzano in Friaul auf dem Weg durch die Felder ›plötzlich‹ da waren, kein Glühen, kein Blinken; wie sie auf dem Weg saßen, mit ihrem leuchtenden Untersatz den Boden belichtend und lichtend, dann flugzeughaft aufblinkend auch zwischen den hohen Gräsern, dann eines schon auf dem Handteller des nächtlichen Gehers, die Linien da herausschneidend, ein großes Scheinen genau neben der Lebenslinie, aus der Nähe betrachtet in der Form leichter Lichttraktoren, welche die dunklen schmalen Tiere gleichsam untergeschnallt trugen; (…) wie ich ganz natürlich dabei – während in der Ferne der beleuchtete Zug nach Triest dahinfuhr, vor dem die Würmchen umso heftiger zu flittern schienen – an einen Gott dachte, der mir nach einem schweren öden Tag ein Muster zurückgab, dieses kleine, liebe weithin durch die Nacht sich verzweigende Blinkmuster der oft noch so schwankend unterwegs befindlichen neugeborenen Glühzwerge…«[165]

Das »Wunder« der Glühwürmchen erscheint hier sowohl in seiner geographischen Erdung (Friaul), wie auch – dem Betrachter »ganz natürlich« – als bescheidenste und zugleich symbolträchtige Lichtspuren zum Himmel, zum Ursprung aller Dinge in Gott. So ist die Epopöe der Glühwürmchen ein Beispiel für eine höhere Weltbetrachtung: »Das Höchste an Denken ist die zusammenfassende Wahrnehmung.«[166] Das Schöne vor den Augen

[165] Handke, *Thukydides*, 16–17
[166] Handke, *Das stehende Jetzt*, 140

verlangt aber auch danach, geteilt zu werden. Auf einer langen Wanderung, nach Jahren wieder einmal in der Landschaft der Sainte Victoire, durch eine von einem Waldbrand heimgesuchte Gegend, wo der Feuersturm »eine strauchlose Leere« zurückgelassen hat, wird dem Wanderer klar, dass er nicht nur hier, sondern auch an vielen anderen Orten die vertrauten Wege verloren hat. Dabei hatte er doch »[i]mmer, auf seinen Wegen alleingehend, die Zukunftsvorstellung gehabt, da einmal zu zweit zu gehen.«[167]

Noch in der Erinnerung verlangt das Schöne danach, es mit einem geliebten Menschen geteilt zu haben.

Aber zuletzt: Handke wäre nicht er selbst, wenn er nicht auch den Kontrast aufzeigen würde zwischen dem, was »unberührte Natur« sagen kann, und dem, was die Störung ihrer Sprache durch den Menschen bewirkt, wenn er sie kontaminiert mit seinem Bedürfnis, sie ganz auf sich auszurichten: »Wie durch ein Schwimmbad die ganze umliegende Natur wesenlos wird«.[168]

9. Das Heilige als das Einfach-Gültige

Das Heilige wird, nach der berühmten Definition von Rudolf Otto, erfahren als *tremendum* oder als *fascinosum,* jedenfalls als etwas Außergewöhnliches. Aber das Heilige kann sich auch verbergen, kann sich im Un-

---

[167] Handke *Thukydides*, 44

[168] Handke, *Geschichte des Bleistifts*, 14

scheinbaren, Gewöhnlichen zeigen. Freilich bedarf es zu seiner Wahrnehmung der geistigen Offenheit, damit das Heilige eines Geschehens, einer Handlung aufgeht. Handke nennt es dessen »ewigkeitliche« Bedeutung: »Den anderen sehen, wahrnehmen, aufnehmen, bedeutet, die Ewigkeitlichkeit von dessen augenblicklicher Gestalt sehen: das ewigkeitliche Bücken eines kleinen Kindes nach einem Ball, den im Zuschauen geneigten Kopf der entfernt sitzenden Mutter.«[169] Eine solche Erfahrung des Heiligen im Alltäglichen ist heute den meisten nur mehr zugänglich in den Erzählungen der Menschen von einst. Für sie waren Armut und Mühe des bäuerlichen Lebens eingebettet in einen selbstverständlichen gläubigen Ablauf:

> »Das Wort ›heilig‹, das er (i.e. *der Bruder des Erzählers*) so oft verwendete, bedeutet bei ihm nicht die Kirche, die Kirche oder den Himmel oder sonst einen entrückten Ort, sondern immer das Alltägliche, und ist in der Regel immer verbunden mit dem Aufstehen am Morgen, dem Zur-Arbeit-Gehen, den Mahlzeiten, den sich wiederholenden Verrichtungen. ›Zuhause, wo alles so lebendig und heilig verrichtet wird‹, heißt es in einem Brief aus Russland, entsprechend jenem Gesang nach dem Osterfeuer, welches das ›heiligste und lustigste‹ war – und Pfingsten ist ihm jenes Fest, ›wo es herrlich ist, in aller Herrgottsfrühe mit der Sense hinauszugehen zum Garten und zu mähen in der heiligen Zeit‹. (…) und noch in seinem letzten

[169] Handke, *Geschichte des Bleistifts*, 187

Brief schreibt er: ›Ich habe den Dreck der Welt kennengelernt und erfahren, es gibt nichts Schöneres als unseren Glauben.‹«[170]

Heilig« – das Wort war in der bäuerlichen Welt von einst nicht auf den Sakralbereich beschränkt, sondern diente zur Bezeichnung von Arbeiten und Dingen, in denen man den Willen Gottes erkannte. Ähnlich erlebt Handke in seiner Kindheit die Männer beim Hausbau. In den Arbeitspausen werden sie von der Müdigkeit wie in einen großen Frieden eingehüllt, es sind »Episoden des Heiligen«:

> »Die Zimmerleute in der Gegend waren es auch, die ich wiederholt zusammen als jenes Volk der Müdigkeit sah. (…) In meinem Bild sitzen sie während der Mahlzeit neben dem Rohbau – wieder jenes verschiedentliche Sitzen – auf den zum Teil schon behauenen Balken oder den noch zu bearbeitenden geschälten Stämmen. Sie haben die Hüte abgenommen, und die Stirnen unter den angeklebten Haaren erscheinen milchweiß verglichen mit den dunklen Gesichtern. Alle wirken sie sehnig, schmächtig, dabei feingliedrig und zart; ich kann mich an keinen schmerbäuchigen Zimmermann erinnern. (…) Obwohl es unter ihnen einen Vorarbeiter gibt, ist mein Eindruck, dass niemand das Sagen, das erste Wort hat; zu ihrer Müdigkeit gehört, dass bei ihnen gleichsam niemand und nichts »herrscht« oder auch nur ›vorherrschend‹

[170] Handke, *Wiederholung*, 181

> ist. Dabei sind sie mit all den schweren, entzündeten Lidern – ein besonderes Merkmal dieser Müdigkeit – wachen Sinnes; (...) wieder weiß ich es, es war eine heilige Zeit – Episoden des Heiligen. –«[171]

Eine ähnliche Beobachtung bewegt den Betrachter bei der Beladung eines Schiffs im Hafen von Dubronvnik. Der Gabelstapler rollt die Last »jedesmal sanft und millimetergenau« an ihre Stelle:

> »Nichts, kein Mensch und kein Ding, wurde bei dem schwierigen, langwierigen Manöver auch nur gestreift; jeder einzelne kleine Vorgang, bis zu dem Zuschieben des Geländers, genau im Moment des Ablegens, verlief ohne Zögern, klar bedächtig und griff in den nächsten über. Das ganze Beladen mit den Hausteilen geschah leise, jedenfalls ohne Lärm und Geschrei und Hast.«[172]

Worin besteht nun das Heilige an diesen Episoden? In ihnen offenbart sich – wie es später heißen wird – »das Mehr des weniger Ich«. Möglicherweis handelt es sich um eine Anspielung an eine Stelle im Johannes-Evangelium, das Handke ja besonders schätzt, in dem das Christus-Bekenntnis des Täufers Johannes überliefert ist, der von sich sagt: »Er muss wachsen, ich muss geringer werden« (Joh 3, 30). Aber noch erstaunlicher ist die Stelle, wo Handke sich die »Pfingstgesellschaft« als eine Versammlung von »Müden« vorstellt, und dabei

[171] Handke, *Müdigkeit*, 33–36
[172] Handke, *Thukydides*, 11 (*Epopöe vom Beladen eines Schiffs*)

fällt das entscheidende Wort: »Die Pfingstgesellschaft, wie sie den Geist empfing, stelle ich mir durch die Bank müde vor. Die Inspiration der Müdigkeit sagt weniger, was zu tun ist, als was gelassen werden kann. (…) Der müde Odysseus gewann die Liebe der Nausikaa. Die Müdigkeit verjüngt, so wie du nie jung warst. *Die Müdigkeit als das Mehr des weniger Ich.* Alles wird in ihrer, der Müdigkeit Ruhe erstaunlich (…).«[173]

Solche Szenen eines heiligen Friedens unter den »Müden« werden zum Anstoß, sich zu fragen: »Hast du ein Rezept für deine Utopie? (…) Ich weiß kein Rezept, auch mir selber nicht. Ich weiß bloß: Solche Müdigkeiten sind nicht zu planen; können auch nicht im voraus das Ziel sein. Aber ich weiß auch, dass sie nie grundlos eintreffen, sondern immer nach einer Beschwernis, im Übergang, in einer Überwindung.«[174]

Eine bewegende Begegnung mit einem »Heiligen des Alltags« sei an das Ende unserer Übersicht gestellt. Sie bildet den Inhalt der Prosaskizze *Der Schuhputzer von Split*. Der Ich-Erzähler steht betrachtend vor dem Holzportal der Kathedrale mit der Szene, wo der Apostel Johannes beim Abendmahl seinen »traurigen Kopf an die Schulter des Jesus legt«, und setzt dann seinen Weg fort zur Strandpromenade, wo er einen »greisen Schuhputzer« sieht und sich vornimmt: »›So werde nun auch ich hingehen und mir von ihm die Schuhe putzen lassen!‹«

[173] Handke, *Müdigkeit,* 74 –75 Hervorhebung von mir, W.H.
[174] Handke, *Müdigkeit*, 76–77

> Der Mann vollzieht alle seine Tätigkeiten mit einer wohltuenden »Zartheit und zugleich Festigkeit«, und »[a]ls er mit den beiden Glanzbürsten kam, verwandelte sich sein Tätigsein in ein Werk (...). Die Schuhe glänzten nun schon wie nie zuvor (...). Im Weggehen freute sich der Reisende wie noch nie an dem Strahlen der Schuhe an seinen Füßen. Im Restaurant zog er die Beine unter den Tisch, damit niemand daran streifte und sie etwa zufällig befleckte.«[175]

Was mit der Portalszene des letzten Abendmahls begonnen hatte, wird im Text motivlich weitergeführt in der Analogie des Schuhputzens zur Fußwaschung, die ja ebenfalls zum Abendmahl gehört (Joh 13, 1–20). Die Reinheit, von der bei der Fußwaschung die Rede ist, ist hier das Glänzen der Schuhe, die der Wanderer nun wie eine kostbaren Schatz hütet – so wie die Teilnehmer am Abendmahl das Sakrament als etwas Außergewöhnliches empfangen. Und der Fußgänger sah »in dem Schuhputzer von Split einen Heiligen: den Heiligen der Sorgsamkeit, oder den ›Heiligen der kleinen Gewichte‹.« (...) »Und noch Monate später, eines Tages in Japan, genügte es, kurz mit dem Tuch über das Leder zu wischen, und der ursprüngliche Glanz der Promenade von Split erschien wieder, unversehrt.«[176] Und dabei mag man an die Wirkung der Sakramente denken, die im Sünder den Glanz der Gotteskindschaft wieder aufleuchten lassen.

---

[175] Handke, Thukydides,7–9
[176] Handke, Ebd. *Thukydides*, 9

Handkes Tagebuchnotizen halten gerne fest, wann immer im Alltag des menschlichen Miteinanders verborgene Heiligkeit zum Vorschein kommt: »Ich weiß, dass die alltäglichen Handlungen – das Gläserwaschen der Kellnerin, das so achtsame Tragen der zwei Gläser Wasser durch das Kind hin zur Mutter –, ich weiß, dass sie heilig sind, und doch kann ich so wenige dieser Vorgänge fassen.«[177] Oder: »Auch ein Apostel: der Kellner, der dem Gast die Suppe einschöpft«.[178] »Ein Gedicht ohne Worte: Ein Ober, der einem kleinen Kind ausweicht«.[179] »Auf die Frage nach ihrem Beruf antwortete die Frau so ruhig wie selbstverständlich: »J'assiste mon mari« (ich pflege meinen Mann).[180]

Der Blick auf das Thema »Handke und das Heilige« konnte nicht mehr bieten als ein paar »Stationen einer Annäherung.«[181] Der Dichter lässt den Leser, wie selten ein Autor, in seine religiösen Innenwelt schauen, immer in Fühlung mit dem Geheimnis einer heiligen Wirklichkeit, die den Menschen umgibt. Und so bildet Handkes

[177] Handke, *Gestern unterwegs*, 13

[178] Handke, *Gestern unterwegs*, 156

[179] Handke, *Gestern unterwegs*, 199

[180] Handke, *Gestern unterwegs*, 403. Man fühlt sich bei diesen Beispielen an die Texte der hl. Theresia von Lisieux zum »Kleinen Weg« erinnert – eine Bekanntschaft, die man dem spirituellen Leser der Handke ja auch ist, durchaus zutrauen kann. Ein Wort, das seinen Beispielen genau entspricht: Gott hat andere Maßstäbe: »Das Geringste ist wertvoll in seinen göttlichen Augen.« In: Stertenbrink, Rolf: *Allein die Liebe. Ein Lebensbrevier aus tausend Texten der Theresia von Lisieux*, Freiburg 1980, 161

[181] So der Untertitel der Monographie von Peter Hamm: *Peter Handke und kein Ende. Stationen einer Annäherung.*

Werk für den Leser vielleicht eine Einladung, in seinem Werk, unerwartet und erstaunt, wie es zum Wesen des Heiligen gehört, dessen Lichtschein zu entdecken und auf sich leuchten zu lassen.

Bibliographie

1. Werke Handkes

Die Angst des Tormanns beim Elfmeter. Frankfurt 1972
Wunschloses Unglück. Erzählung. Frankfurt 1974
Die linkshändige Frau. Frankfurt 1976
Das Gewicht der Welt. Frankfurt 1977
Die Lehre der Sainte-Victoire. Frankfurt 1980
Kindergeschichte. Frankfurt 1984
Über die Dörfer. Dramatisches Gedicht. Frankfurt 1981
Phantasien der Wiederholung. Frankfurt 1983
Die Wiederholung. Frankfurt 1986
Die Geschichte des Bleistifts. 1985
Der Chinese des Schmerzes. Frankfurt 1986
Versuch über den geglückten Tag. Frankfurt 1991
Versuch über die Müdigkeit. Frankfurt 1992
Noch einmal für Thukydides. Stuttgart 1992
Mein Jahr in der Niemandsbucht. Ein Märchen aus den neuen Zeiten. Frankfurt 1994
Am Felsfenster morgens (und andere Ortszeiten 1982–1987). Salzburg und Wien 1998
Gestern unterwegs. Aufzeichnungen November 1987 bis Juli 1990. Salzburg und Wien 2002
Leben ohne Poesie. Gedichte. Frankfurt 2007
Meine Ortstafeln. Meine Zeittafeln. Frankfurt 2007
Die Morawische Nacht. Erzählung. Frankfurt 2008
Bis dass der Tag euch scheidet. Ein Monolog. Frankfurt 2009
Immer noch Sturm. Berlin. 2010
Der Große Fall. Berlin 2011
Ein Jahr aus der Nacht gesprochen. Frankfurt 2014

Tage und Werke. Begleitschreiben. Berlin 2015
Vor der Baumschattenwand nachts. Zeichen und Anflüge von der Peripherie. 2007–2015. Salzburg 2016
Das zweite Schwert. Eine Maigeschichte. Frankfurt 2020
Mein Tag im anderen Land. Eine Dämonengeschichte. Berlin 2021
Innere Dialoge an den Rändern 2016–2021. Salzburg 2022
Die Zeit und die Räume. Notizbuch 24. April – 26. August 1978. Herausgegeben von Ulrich von Bülow, Bernhard Fetz und Katharina Pektor, unter Mitarbeit von Vanessa Hannesschschläger. Berlin 2022
Die Ballade des letzten Gastes. Berlin 2023.

2. Gespräche

Greiner, Ulrich: »Ich komme aus dem Traum.« Gespräch mit dem Schriftsteller Peter Handke. In: DIE ZEIT, 01. 02. 2006
Greiner, Ulrich: Eine herbstliche Reise zu Peter Handke nach Paris. In: DIE ZEIT, 1. 12. 2010
Peter Handke: Aber ich lebe nur von den Zwischenräumen. Ein Gespräch, geführt von Herbert Gamper. Frankfurt 1990
Peter Handke – Peter Hamm: Es leben die Illusionen. Gespräche in Chaville und anderswo. Göttingen 2006
Peter Handke im Gespräch mit Hubert Patterer und Stefan Winkler (= Edition Kleine Zeitung), Graz 2012
Das stehende Jetzt. Die Notizbücher von Peter Handke. Gespräch mit dem Autor und Essay von Ulrich Bülow. Deutsche Schillergesellschaft Marbach am Neckar 2018

Strasser, Peter: Der Freudenstoff. Zu Handke eine Philosophie. Salzburg 1990

Strasser, Peter: Wär nicht das Auge sonnenhaft… Lektüre eines Dichters, der das Buch der Schöpfung liest. In: Carstensen, Thorsten: Die tägliche Schrift. Peter Handke als Leser. Bielefeld 2019

Pichler, Georg: Die Beschreibung des Glücks. Peter Handke. Eine Biografie. Wien 2002

[Hans Höller]: Peter Handke. Dargestellt von Hans Höller (= rowohlts monogaphien), Reinbek bei Hamburg 2007

Hafner, Fabjan: Peter Handke. Unterwegs ins Neunte Land. Wien, 2008

Baloch, Harry: Ob Gott oder Nicht-Gott. Peter Handke und die Religion (= wieser.wissenschaft) Klagenfurt Celovec 2010

Kapellari, Egon: Verwandlung und Bergung der Dinge in Gefahr. Religiöse Dimensionen im Werk Peter Handkes (= Reihe Ultramarin), Klagenfurt / Celovec, 2014

Tück, Jan Heiner / Andreas Bieringer: »Verwandeln allein durch Erzählen«. Peter Handke im Spannungsfeld von Theologie und Literaturwissenschaft. Freiburg 2014

Tück, Jan-Heiner: »Wandlung – die Urform der Wirklichkeit. Spuren einer eucharistischen Poetik im Werk Peter Handkes. In: Tück, Jan-Heiner / Andreas : »Verwandeln allein durch Erzählen«, 29–51

Tück, Jan-Heiner: In Gegenwart des Dritten. Peter Handke über das Versprechen der Liebe. In: IkaZ Communio 46 (2017), 638–641

Hamm, Peter: Peter Handke und kein Ende. Stationen einer Annäherung. Göttingen 2017

Eliade, Mircea: Das Heilige und das Profane. Vom Wesen des Religiösen. Frankfurt 1998

Guardini, Romano: Religion und Offenbarung. Würzburg, 3. Aufl. 2022

Otto, Rudolf: Das Heilige. Über das Irrationale in der Idee des Göttlichen und sein Verhältnis zum Rationalen. Neuausgabe mit einem Nachwort von Hans Joas. München 2022

Heidegger, Martin: Holzwege (= GA 5), Frankfurt 1977

Lévinas, Emmanuel: Ethik und Unendliches. Gespräche mit Philippe Némo. 4. Aufl., Wien 2008 (Paris 1982)

[Theresia von Lisieux] Stertenbrink, Rolf: Allein die Liebe. Ein Lebensbrevier mit 1000 Texten von Theresia von Lisieux. Freiburg 1980

www.wieser-verlag.com